Luis Mario

INSPIRADORES
300 BIOGRAFÍAS DE PERSONAJES FASCINANTES

```
Sp/ C  184 .M37 2006
Mario, Luis.
Inspiradores
```

...EDICIONES UNIVERSAL

Copyright © 2006 by Luis Mario

Primera edición, 2006

EDICIONES UNIVERSAL
P.O. Box 450353 (Shenandoah Station)
Miami, FL 33245-0353. USA
Tel: (305) 642-3234   Fax: (305) 642-7978
e-mail: ediciones@ediciones.com
http://www.ediciones.com

Library of Congress Catalog Card No.: 2005926494
I.S.B.N.: .1-59388-052-9
EAN # 978-1-59388-0521

Composición de textos: Nury A. Rodríguez
Diseño de la cubierta: Luis García Fresquet

Todos los derechos
son reservados. Ninguna parte de
este libro puede ser reproducida o transmitida
en ninguna forma o por ningún medio electrónico o mecánico,
incluyendo fotocopiadoras, grabadoras o sistemas computarizados,
sin el permiso por escrito del autor, excepto en el caso de
breves citas incorporadas en artículos críticos o en
revistas. Para obtener información diríjase a
Ediciones Universal.

ÍNDICE

Prólogo 9
Introducción .13

A 15
Abreu, Marta (Cuba) 16
Acosta, Agustín (Cuba) 17
Agramonte, Ignacio (Cuba) 18
Aguayo, Alfredo M.
(Cuba-Puerto Rico) 19
Aguilera, Francisco Vicente (Cuba) . .20
Albarrán, Joaquín (Cuba) 21
Albéniz, Isaac (España) 22
Alberdi, Juan Bautista (Argentina) . .23
Alfonso X, el Sabio (España) 24
Anchieta, José de (España) 25
Arango y Parreño,
Francisco de (Cuba) 26
Argüello, Santiago (Nicaragua) 27
Aristóteles (Grecia) . . . . .28+
Armenteros, Isidoro de (Cuba) 29
Arnaz, Desi (EE.UU.-Cuba) 30
Artigas, José (Uruguay) . . . . .31+
Asturias, Miguel Angel (Guatemala) .32+
Ataturk, Mustafá Kemal (Turquía) . .33+
Auriol, Jacqueline (Francia) 34
Azurduy, Juana (Bolivia) . . . . .35—
B 37
Bacon, Francis (Inglaterra) . . . . .38+
Baden-Powell, Robert (Inglaterra) . .39
Baeza Flores, Alberto (Chile) 40
Balanchine (Rusia) 41
Baldor, Aurelio (Cuba) 42
Balzac, Honorato de (Francia) . . . . .43+
Baralt, Rafael María (Venezuela) . . .44
Barnard, Christiaan (Sudáfrica) . . . .45+
Bécquer, Gustavo Adolfo (España) . .46+
Beethoven, Ludwig van (Alemania) .47+
Belaúnde Terry, Fernando (Perú) . . .48
Bell, Alexander Graham
(EE.UU.-Inglaterra) . . . . .49+
Bello, Andrés (Venezuela) . . . . .50+
Berceo, Gonzalo de (España) . . . . . .51+
Bering, Vitus (Dinamarca) . . . . .52+
Bernhardt, Sara (Francia) 53

Bernini, Gian Lorenzo (Italia) 54
Bernstein, Leonard (EE.UU.) 55
Bill, Buffalo (EE.UU.) . . . . .56+
Bizet, Georges (Francia) 57
Blake, William (Inglaterra) 58
Blanco, Andrés Eloy (Venezuela) . . .59+
Blasco Ibáñez, Vicente (España) 60
Boitel, Pedro Luis (Cuba) 61
Bolívar, Simón (Venezuela) . . . . .62+
Borges, Jorge Luis (Argentina) . . . . .63+
Braun, Wernher von
(EE.UU.-Alemania) . . . . .64+
Brindis de Salas, Claudio
José Domingo (Cuba) 65
Brodsky, Joseph (URSS-EE.UU.) . . .66+
Buck, Pearl S. (EE.UU.) . . . . .67+
Buesa, José Ángel (Cuba) 68
Bunsen, Robert Wilheim (Alemania) .69
Burgos, Julia de (Puerto Rico) . . . . .70+
Burke, Edmund (Inglaterra) 71
Burroughs, John (EE.UU.) . . . . .72+
C 73
Caballero, Fernán (España) 74
Capablanca, José Raúl (Cuba) 75
Carbonell, José Manuel (Cuba) 76
Carrel, Alexis (Francia) 77
Carrera Andrade, Jorge (Ecuador) . .78
Carrión, Miguel de (Cuba) 79
Casas Romero, Luis (Cuba) 80
Cervantes Saavedra,
Miguel de (España) . . . . .81+
Céspedes, Carlos Manuel de (Cuba) .82+
Chacón y Calvo, José María (Cuba) .83
Chaplin, Charles (Inglaterra) . . . . . .84+
Chejov, Anton (Rusia) . . . . .85+
Chesterton, Gilbert K. (Inglaterra) . .86
Chiang Kai-shek (China) . . . . .87+
Chillida, Eduardo (España) 88
Chopin, Federico (Polonia) . . . . . . .89+
Churchill, Winston (Inglaterra) . . . .90+
Cisneros Betancourt,
Salvador (Cuba) 91
Clemenceau, Georges (Francia) 92
Collodi, Carlo (Italia) 93
Colón, Cristóbal (España) . . . . .94+

5

Cook, James (Inglaterra) 95
Cordero Molina, Rafael (Puerto Rico) 96
Crespo, José Daniel (Panamá) 97
Cruz, Celia (Cuba) 98
Cruz, Sor Juana Inés de la (México) ..99
Curie, María (Francia-Polonia) 100
D 101
Darío, Rubén (Nicaragua) 102
Daumier, Honorato (Francia) 103
De Gaulle, Charles (Francia) 104
Díaz Hanscom, Rafael (Cuba) 105
Dickinson, Emily (EE.UU.) 106
Diesel, Rudolf (Alemania) 107
Disney, Walt (EE.UU.) 108
Disraeli, Benjamín (Inglaterra) 109
Doreste, Arturo (Cuba) 110
Dostoievski, Fiódor (Rusia) 111
Doyle, Arthur Conan (Inglaterra) ..112
Duarte, Juan Pablo
(República Dominicana) 113
Dubcek, Alexander (Checoslovaquia) 114
Duncan, Isadora (EE.UU.) 115
E 117
Eban, Abba (Sudáfrica, judío) 118
Echeverría, Aquileo J. (Costa Rica) .119
Echeverría, Esteban (Argentina) ...120
Edison, Tomás Alva (EE.UU.) 121
Eduardo VIII (Inglaterra) 122
Eiffel, Gustave (Francia) 123
Einstein, Albert (EE.UU.-Alemania) 124
Eisenhower, Dwight D. (EE.UU.) ..125
Elcano, Juan Sebastián de (España) .126
Epicuro (Grecia) 127
F 129
Falla, Manuel de (España) 130
Feijoo, Benito Jerónimo (España) ..131
Félix, María (México) 132
Finlay, Carlos J. (Cuba) 133
Franklin, Benjamín (EE.UU.) 134
G 135
Gandhi, Mahatma (India) 136
García Íñiguez, Calixto (Cuba) 137
García Lorca, Federico (España) ...138
García Nieto, José (España) 139
García-Tudurí, Mercedes (Cuba) ...140

Garibaldi, Giuseppe (Italia) 141
Gavidia, Francisco (El Salvador) ...142
Gironella, José María (España) 143
Goethe, Johan Wolfgang (Alemania) 144
Gómez de Avellaneda,
Gertrudis (Cuba) 145
Gómez, Juan Gualberto (Cuba) ...146
Gómez, Máximo
(República Dominicana-Cuba) 147
Góngora y Argote, Luis de (España) 148
González Martínez, Enrique (México)149
Gorki, Máximo (Rusia) 150
Goya y Lucientes
Francisco José (España) 151
Grau, Polita (Cuba) 152
Greco, El (Doménicos Theotocópuli)
(España-Grecia) 153
H 155
Hemingway, Ernest (EE.UU.) 156
Henríquez Ureña, Pedro
(República Dominicana) 157
Heredia, José María (Cuba) 158
Herrera y Reissig, Julio (Uruguay) .159
Hidalgo, Miguel
(El Cura Hidalgo) (México) 160
Hipócrates (Grecia) 161
Horacio (Italia) 162
Hostos, Eugenio
María de (Puerto Rico) 163
Hugo, Víctor (Francia) 164
Humboldt, Alexander (Alemania) ..165
Hurtado de Mendoza,
Diego (España) 166
I 167
Ibarbourou, Juana de (Uruguay) ...168
Infante, Pedro (México) 168
Irving, Washington (EE.UU.) 170
Isabel I de España (España) 171
J 173
Jardiel Poncela, Enrique (España) ..174
Jenofonte (Grecia) 175
Jiménez, Juan Ramón (España) 176
Johnson, Lyndon B. (EE.UU.) 177
K 179
Keller, Helen (EE.UU.) 180

Kepler, Johannes (Alemania) ......181✝
King, Martin Luther (EE.UU.) ....182✝
Kipling, Rudyard (Inglaterra) .....183✝
L 185
Laplace, Pierre Simón de (Francia) .186
Lamarque, Libertad (Argentina) ...187✝
Lamartine, Alfonso de (Francia) ...188
Landa Escober, Luis (Honduras) ...189
Lanza, Mario (EE.UU.) 190
Lara, Agustín (México) ....191✝
Lecuona, Ernesto (Cuba) 192
Lewis, Sinclair (EE.UU.) ....193✝
Lincoln, Abraham (EE.UU.) ......194✝
Lindbergh, Charles (EE.UU.) .....195✝
Locke, John (Inglaterra) ....196—
Lorda, Antonio (Cuba) 197
Louis, Joe (EE.UU.) ....198✝
Loynaz, Dulce María (Cuba) 199
Luca de Tena, Torcuato (España) ...200—
Lugones, Leopoldo (Argentina) ...201—
Luz y Caballero, José de la (Cuba) ..202
M 203
Maceo, Antonio (Cuba) 204
Machado, Antonio (España) ......205—
Magno, Alejandro (Grecia) ....206✝
Mañach, Jorge (Cuba) 207
Maritain, Jacques (Francia) 208
Martí, José (Cuba) ....209✝
Marx, Groucho (EE.UU.) 210
Mas Canosa, Jorge (Cuba) 211
Masó, Bartolomé (Cuba) 212
Mederos, Elena (Cuba) 213
Medina, Diego (Cuba) 214
Medrano, Ignacio (Colombia) 215
Mendelssohn, Félix (Alemania) ....216—
Milanés, José Jacinto (Cuba) 217
Miller, Glenn (EE.UU.) ....218✝
Miranda, Francisco de (Venezuela) .219
Mistral, Gabriela (Chile) ....220✝
Mitre, Bartolomé (Argentina) 221
Moncada, Guillermo (Cuba) 222
Montaner, Rita (Cuba) 223
Morales, Gabriel (Nicaragua) 224
Morazán, Francisco (Honduras) ...225✝
Moré, Benny (Cuba) 225

Morelos, José María (México) .....226✝
Moro, Tomás (Inglaterra) ....227✝
Moses, Grandma (EE.UU.) 228
Mozart, Wolfgang
Amadeus (Austria) ....229✝
N 231
Nagy, Imre (Hungría) 232
Nervo, Amado (México) ....233✝
Nobel, Alfred Bernard (Suecia) ....234✝
O 235
O'Higgins, Bernardo (Chile) ......236—
Ortiz Guerrero, Manuel (Paraguay) 237
Orwell, George (Inglaterra) ....238✝
P 239
Palacios, Pedro Bonifacio
(Almafuerte) (Argentina) 240
Palma, José Joaquín (Cuba) 241
Palma, Ricardo (Perú) 242
Pardo Bazán, Emilia (España) 243
Pascal, Blas (Francia) ....244✝
Paz, Octavio (México) ....245—
Peale, Norman Vincent (EE.UU.) ..246✝
Pedro el Grande (Rusia) ....247—
Peralta, Ángela (México) ....248✝
Pérez de Zambrana, Luisa (Cuba) ..249
Piaf, Edith (Francia) 250
Piñera, Humberto (Cuba) 251
Poe, Edgar Allan (EE.UU.) ....252✝
Polo, Marco (Italia) ....253—
Prado, Pura del (Cuba) 254
Proust, Marcel (Francia) ....255✝
Puente, Tito (EE.UU.-Puerto Rico) 256✝
Q 257
Quasimodo, Salvatore (Italia) 258
Quesada Aróstegui, Gonzalo (Cuba) 259
Quevedo, Francisco de (España) ...260✝
Quintero, José Agustín (Cuba) 261
Quiroga, Horacio (Uruguay) ......262✝
R 263
Reagan, Ronald (EE.UU.) ....264✝
Réaumur, Renato A. F. de (Francia) .265
Remos, Juan J. (Cuba) 266
Renoir, Pierre Auguste (Francia) ..267
Reyes, José Trinidad (Honduras) ...268
Rockwell, Norman (EE.UU.) 269

Rodó, José Enrique (Uruguay) 270
Röntgen, Wilhelm
Konrad (Alemania) 271
Rotterdam, Erasmo (Holanda) 272
S 273
Saco, José Antonio (Cuba) 274
Sadat, Anwar El (Egipto) 275
Salgari, Emilio (Italia) 276
San Agustín (Argelia) 277
San Francisco de Asís (Italia) 278
San Francisco de Sales (Francia) ...279
San Gregorio Magno (Italia) 280
San Ignacio de Antioquía (Siria) ...281
San Ignacio de Loyola (España) 282
San Juan Bosco (Italia) 283
San Juan de la Cruz (España) 284
San Martín, José de (Argentina) ...285
San Padre Pío (Italia) 286
San Patricio (Irlanda) 287
San Pedro Canisio (Holanda) 288
San Pedro Damián (Italia) 289
San Roberto Belarmino (Italia) 290
Sánchez de Fuentes,
Eduardo (Cuba) 291
Santa Elizabeth Ann Seton (EE.UU.) 292
Santa Juana de Arco (Francia) 293
Santa Teresa de Jesús (España) 294
Santander, Francisco de Paula
(Colombia) 295
Sarasate, Pablo (España) 296
Sarmiento, Domingo Faustino
(Argentina) 297
Schweitzer, Albert (Alsacia) 298
Séneca (España-Italia) 299
Shakespeare, William (Inglaterra) ..300
Sibelius, Jean (Finlandia) 301
Sitwell, Edith Louisa (Inglaterra) ..302
Sully Prudhomme (Francia) 303
T 305
Tagore, Rabindranath (India) 306
Tales de Mileto (Grecia) 307
Tesla, Nikola (EE.UU.-Croacia) ...308
Teurbe Tolón, Miguel (Cuba) 309
Toledo de Arregui,
Josefa (Nicaragua) 310

Torres Bodet, Jaime (México) 311
Toscanini, Arturo (Italia) 312
Twain, Mark (EE.UU.) 313
U 315
Unamuno, Miguel de (España) 316
Urbina, Luis G. (México) 317
Urdaneta, Rafael (Venezuela) 318
Ureña, Salomé
(República Dominicana) 319
V 321
Valera, Juan (España) 322
Valle-Inclán, Ramón del (España) ..323
Valle, José Cecilio del (Honduras) ..324
Vanegas, Juan de Dios (Nicaragua) .325
Varela, Félix (Cuba) 326
Vargas Gómez, Andrés (Cuba) 327
Varona, Enrique José (Cuba) 328
Varona, Manuel Antonio de (Cuba) .329
Vega Carpio, Félix
Lope de (España) 330
Verdi, Giuseppe 331
Verlaine, Paul (Francia) 332
Verne, Julio (Francia) 333
Villaverde, Cirilo (Cuba) 334
Vinci, Leonardo da (Italia) 335
Virgilio (Italia) 336
Vivaldi, Antonio (Italia) 337
W 339
Washington, George (EE.UU.) 340
Weber, Karl María von (Alemania) .341
Whitman, Walt (EE.UU.) 342
Yeats, William Butler (Inglaterra) ..343
Zamudio, Adela (Bolivia) 344
Z 345
Zamudio, Adela 346
Zenea, Juan Clemente (Cuba) 347
Zola, Emilio (Francia) 348
Zorrilla, José (España) 349
Zumárraga, Juan de (España) 350

Al lector de estas biobrafías

Hace mucho tiempo afirmé que un poeta es un hombre que quiere ser todos los hombres. Cada día que pasa lo creo con más firmeza. Ese deseo que, lejos de mermar y apagarse con la edad que precipita el acabamiento, se hace más intenso, es don prodigioso en cuyo latido sobrevive la inocencia de la criatura y alienta incontenible la imaginación. Dos gracias, dos milagros imprescindibles para andar por este mundo cada vez más difícil e implacable en todos los órdenes, aunque, es justo y necesario asegurarlo, está cuajado de posibilidades cuando se respira el aire de la libertad física y espiritual.

Quizás ese tan humano deseo de cada criatura de ser todos los hombres, informa la urgencia por el conocimiento de la historia y de sus protagonistas. Esas vidas que al paso del tiempo han dejado una huella de varia naturaleza, un legado en la memoria y la realidad y la posibilidad de todos los hombres. El estudio y la relación de la vida de esos personajes dieron remoto nacimiento al inagotable género de la biografía.

La historia es un inventario en el que se entrecruzan incesantes el bien y el mal. Tan importantes son las biografías de aquellos que vivieron bajo el signo de la maldad y la prodigaron, como las de quienes sobresalieron por su conducta ejemplar y por sus obras y su legado. Y aquí es imprescindible formular una precisión que dota de mayor calado a la inteligencia del inventario de la existencia de cualquier hombre de cualquier época. La criatura nunca es perfecta, salvo en los casos en que la identificamos con la santidad, y hasta los santos ¡y tanto los más grandes! –aunque en lo que concierne a la santidad no hay grados– siempre han accedido a ese estado en virtud de un constante ejercicio de perfeccionamiento espiritual que se traduce en su conducta cotidiana. ¿Hay que recordar la final afirmación de León Bloy de que la única tristeza es la tristeza de no ser santos?

En esa senda de aciertos y errores y esa tierra de nadie que media entre ambos no hay personaje mayor ni menor de la historia que no sirva para conducirnos por el camino del bien, la decencia y la rectitud. Por supuesto, que el conocimiento de ese personaje debe estar desprovisto de toda suerte de manipulación interesada o culpable, que no de interpretación, como tanto ha sucedido y sucede cuando biografía e historia se convierten en instrumento de una agenda de cualquier suerte.

En la triste Cuba tiranizada del castrismo, esa manipulación de la historia comenzó desde el funesto 1 de enero de 1959. Y en nuestra trágica historia reciente, manipulación quiere decir negación de la verdadera historia y reescritura de una historia, y unas biografías, conformes y útiles a la ideología totalitaria. Pura ficción maligna. Una de las tareas fundamentales que deberá hacerse en nuestra Patria cuando en ella imperen la libertad y la justicia es devolverle el patrimonio de su historia, cultura y tradiciones. Dar a varias generaciones que han nacido y han crecido y se han educado en la mentira, ese caudal de conocimientos y bienes espirituales que les arrebataron, y se conservan en el exilio, para que con una desconocida libertad lo interpreten y lo hagan suyo y lo vuelquen para que finalmente sea realidad la pendiente posibilidad cubana.

«Inspiradores», este nuevo libro del poeta, escritor y periodista Luis Mario, es en buena medida una contribución al conocimiento de figuras cubanas y universales que no forman parte de «la historia oficial» que imparte e impone el castrismo y que, si por alguna razón figuran en ella, se presentan deformadas por la manipulación de los ideólogos del régimen.

Su autor las escribió para que se transmitieran a Cuba por Radio Martí. Su propósito, que ahora fija este volumen, era ofrecer a nuestros compatriotas algo imprescindible: una enseñanza sobre personajes cuya existencia y obra constituyen una inspiración para todos. De igual suerte, en su brevedad y su acuciosa y definitoria selección de información, estas 300 biografías se difundieron puntualmente como un catalizador para avivar y alentar en los radioescuchas, los mejores sentimientos y aspiraciones del ser humano y demostrar que la voluntad de la criatura siempre se impone a las circunstancias y prevalece finalmente.

A algunos de estos inspiradores, cuya existencia ha sido negada por el castrismo, los conoció y trató Luis Mario. Son personajes históricos de diferentes esferas del saber y la actividad humana que tenían en común tres cosas: su decencia y su voluntad de bien; su amor por la libertad y por Cuba, y su monolítica y frontal oposición al totalitarismo que ha descendido como una pisada en el corazón sobre nuestra Patria y nuestro pueblo. En esos personajes alienta un implícito reconocimiento y homenaje a tantos compatriotas conocidos y desconocidos. Esos inspiradores sobre cuyo dolor, sufrimiento, sacrificios, entrega y fidelidad a las más puras esencias y valores nacionales se edifica el futuro que se nos arrebató. Un futuro que no puede permitirse que sea una continuación del pasado por el enmascaramiento del castrismo y las espurias agendas que se formulan a ambos lados del mar.

Las ceñidas biografías de este ameno y útil libro de Luis Mario son un recorrido por vidas que llenan la historia y la geografía de diversas épocas. Como toda obra de esta naturaleza es imposible que su nómina de personalidades sea exhaustiva, pero tal como nos llega es suficiente. Hay en ella un número apreciable de figuras cubanas, que sin duda se conocieron por vez primera en la Isla cuando se oyeron a través de Radio Martí. Cubanos o de otra nacionalidad, los biografiados –con sus individualidades, diferencias y circunstancias–, célebres o apenas conocidos, son exponentes de lo mejor de la criatura y de los valores humanos. En una palabra: Inspiradores.

ARMANDO ÁLVAREZ BRAVO

Miami, y 2005

El porqué de los porqués

¿Qué relación hay entre un músico polaco que se llevó de su patria una copa de tierra para que fuera sepultado con ella en el extranjero, y un intrépido marino genovés que se lanzó al mar con tres carabelas y descubrió un nuevo mundo? ¿O entre una guarachera cubana, que al morir es honrada con una inmensa manifestación de duelo entre Miami y Nueva York, y un genio contemporáneo, de origen judío, descubridor de la «ecuación del Siglo XX», que conduce a la energía atómica? ¿O entre un poeta nicaragüense que revolucionó la métrica castellana al fundar el movimiento modernista, y un aviador estadounidense que en 1927 voló de Nueva York a París en su monoplano «Spirit of St. Louis»? ¿O entre un santo italiano que domestica fieras, convierte a los delincuentes y funda la Orden Franciscana, y un cirujano cardiovascular sudafricano que en 1967 realiza el primer trasplante de corazón? ¿O entre un humilde maestro negro puertorriqueño, ejemplo de sabiduría y dedicación a la enseñanza, y el genio mayor del género humano, artista y científico, pintor de la Monna Lisa? Vistos así, en conjunto, extraídos de diversas épocas y países, abundan los contrastes entre Federico Chopin, Cristóbal Colón, Celia Cruz, Albert Einstein, Rubén Darío, Charles Lindbergh, San Francisco de Asís, Christiaan Barnard, Rafael Cordero Molina y Leonardo da Vinci. En esas diferencias se asientan las variadas lecciones de este libro, todas inspiradoras, de ahí su título.

¿Por qué escribí este libro? ¿Por qué estas biografías? ¿Por qué estas notas breves que describen a personajes tan diferentes? Ellos, de una u otra manera, han tocado mi sensibilidad y han provocado mi admiración. En ese pequeño hueco que ocupo en el mundo han estado presentes para orientarme con sus ejemplos. Se han acercado a mí para resumirse en estas páginas. A otros los he conocido personalmente, pero muchos, muchísimos protagonistas de la historia y héroes de ella quedan sin mencionar, porque es imposible abarcar una nómina tan extensa. Me limito a lo genuino de mis propias experiencias, que han sentido cercanamente el toque mágico de unos seres privilegiados. Soy cubano, y eso se nota. De ser alemán, indio o chino, estas páginas serían distintas, aunque Alemania, India y China también están representadas en ellas.

Con el título de «Personajes célebres de la Historia», estas biografías fueron transmitidas a Cuba a través de Radio Martí, donde trabajo. De ahí su condensación para ajustarse a un espacio radial diario de menos de dos minutos. Mis obligaciones laborales se convirtieron así en un placer, porque me dieron la oportunidad de exaltar valores humanos con los que todo hombre justo debe sentirse comprometido.

Pero hubo otra función insoslayable, netamente didáctica, porque estas historias tan al alcance de todos, están muy lejos de los oídos del pueblo cubano, ensordecidos con el exceso de propaganda unánime, taponados con el eco de las trompetas totalitarias. Los que nacieron desde hace medio siglo en Cuba, ignoran, por ejemplo, quienes fueron Manuel Antonio de Varona, Juan J. Remos, Aurelio Baldor o Jorge Mañach; ni siquiera les resultan familiares los nombres de José Antonio Saco y Enrique José Varona.

Ese es el vergonzoso vacío que dejan las hordas del mal. Vacío que se volverá contra ellas cuando, irrevocablemente, el destino de esa isla tan pequeña como desdichada que es mi patria, se vea iluminado de nuevo por la luz de la razón y la verdad.

L. M.

A

Marta Abreu

La filántropa y patriota cubana, Marta de los Ángeles Abreu Arencibia, nace el 13 de noviembre de 1845 en Santa Clara. Mujer de gran cultura, coopera con la causa independentista. En 1874 se casa en La Habana con Luis Estévez y Romero, que llega a ser el primer vicepresidente de Cuba en 1902. Heredera de una fortuna inmensa, funda tres colegios en 1882, uno de ellos para niños negros; y dos asilos para ancianos desamparados. En 1885 construye el teatro *La Caridad*, que dona a la ciudad de Santa Clara, para que sus beneficios se utilicen en mantener las obras caritativas. Al regresar de un viaje a Suiza en 1887, fabrica cuatro lavaderos gratuitos. Marta Abreu colabora en la construcción de la Planta Eléctrica de Santa Clara y la Estación de Ferrocarril. En 1895 crea el dispensario "El Amparo", para niños pobres. Vive en Francia y Estados Unidos, regresa a La Habana en 1899, y vuelve a Francia en 1906. Marta Abreu muere en París el 2 de febrero de 1909. Su esposo se suicida al no poder vivir sin ella. En su honor, la Universidad Central de Santa Clara asume el nombre de Marta Abreu, y en La Habana se construyó un hospital de maternidad que lleva su nombre.

Agustín Acosta

En la ciudad de Matanzas, Cuba, nace Agustín Acosta el 12 de noviembre de 1886. Premian sus versos las revistas *Cuba y América* y *El Fígaro* en 1912. Su libro *Ala*, de 1915, introduce plenamente el Modernismo en Cuba. Gana distintos Juegos Florales y en 1918 se gradúa de Doctor en Derecho Civil de la Universidad de La Habana. En 1923 se casa con María Isabel Schweyer y Davis, la *Hermanita* de su segundo libro, y tres años después publica *La Zafra*. Es académico de número de la Academia Cubana de la Lengua. En 1931 es encarcelado por su "Carta abierta al general Machado", pero es liberado cuando, desde Colombia, el poeta Ismael Enrique Arciniegas intercede por él. Al caer Machado en 1933 lo designan Gobernador de la provincia de Matanzas, y el presidente Carlos Mendieta lo nombra Secretario de la Presidencia en 1934. Publica *Los camellos distantes* en 1936; *Últimos instantes* en 1941; *Las islas desoladas* en 1943; *Jesús* en 1957 y *Caminos de hierro* en 1963. En 1951 se casa con Consuelo Díaz Carrasco, había enviudado en 1948. El 19 de abril de 1955, el Congreso de la República lo nombra Poeta Nacional. El 12 de diciembre de 1972 llega exiliado a Estados Unidos, donde publica *El Apóstol y su Isla* y *Trigo de Luna*. Recibe honores académicos en Miami y en San Diego, California, y muere en Miami el 11 de marzo de 1979.

Ignacio Agramonte

Nace Ignacio Agramonte en Camagüey, Cuba, el 23 de diciembre de 1841. De familia acomodada, a los 14 años de edad estudia en el colegio *El Salvador* con José de la Luz y Caballero. Estudia varios años en la Universidad de Barcelona, España, y después en la Universidad de La Habana. Se licencia en Derecho y cultiva las letras y la oratoria. Contrae matrimonio con Amalia Simoni en 1868, pero deja su hogar pocos meses después para ir al campo de batalla al comenzar la Guerra de los Diez Años. Es nombrado Mayor General, Jefe de la División de Camagüey. Su valentía casi suicida queda demostrada en los combates de Bagá, La Uretania, San Fernando, Sabana Nueva, San Rafael y otros. Su mayor hazaña es la de liberar al general Julio Sanguilí de una columna española de cientos de soldados que lo llevaban preso. Agramonte realiza el rescate al frente de sólo 35 hombres. El temperamento de Agramonte, su recio carácter, su actitud a favor de la independencia hacen de él un verdadero mito, temido y respetado por sus enemigos. Es el primero en denunciar el centralismo totalitario, cuando afirma que "de allí al comunismo no hay más que un paso: se comienza por declarar impotente al individuo y se concluye destruyendo la libertad". Redacta la Constitución de Guáimaro de 1869, y la firma junto a Carlos Manuel de Céspedes. Sin embargo, una bala perdida corta su vida en el combate de Jimaguayú, el 11 de mayo de 1873. Martí lo había llamado "un brillante con alma de beso".

INSPIRADORES

Alfredo M. Aguayo

El educador cubano nacido en Puerto Rico el 28 de marzo de 1866, Alfredo M. Aguayo y Sánchez, estudia leyes y pedagogía en La Habana y es superintendente de escuelas de la provincia habanera. Ejerce como catedrático de Psicología Pedagógica, Higiene Escolar e Historia de la Pedagogía. El laboratorio de Paidología es creado por él en 1912. Académico de la Academia de la Historia. Funda la Escuela de Educación de la Universidad de La Habana. Aguayo publica notables estudios entre los que sobresalen *Ideas pedagógicas del Padre Varela, Geografía de Cuba, Pedagogía del escolar, Luis Vives como educador, Desarrollo y educación del poder de observación, Didáctica de la Escuela Nueva, Geografía física, humana y descriptiva, Las escuelas normales y su organización en Cuba* y *Elogio al doctor Manuel Valdés Rodríguez*. Alfredo M. Aguayo es llamado maestro de maestros, y varios centros educacionales llevan su nombre. A él se deben también cinco libros de lectura, para los primeros cinco grados escolares, con los que aprendieron a leer muchas generaciones de cubanos. Dicta cursos en los Congresos de Verano, y organiza la Escuela Nueva en Cuba. Alfredo M. Aguayo muere en La Habana el 30 de septiembre de 1948.

Francisco Vicente Aguilera

Este cubano hijo de una familia acomodada, Francisco Vicente Aguilera, nace en Bayamo, Oriente, el 23 de junio de 1821. Recibe instrucción superior en La Habana, con el patriota maestro José Silverio Jorrín. Viaja a Estados Unidos, regresa a Cuba donde contrae matrimonio. Nombrado alcalde de Bayamo, es también una especie de juez. Obligado a condenar a un hombre pobre, el propio Aguilera paga la multa. Constantemente le hace honor a una frase suya que dice: "Nada tengo, mientras no tenga patria". Empieza a conspirar contra la colonia desde 1867, y cuando Céspedes se alza en Yara, prácticamente ya Aguilera ha abonado el camino de aquella guerra que dura diez años. Pero él se lanza también a la batalla por la independencia, acompañado de amigos y de esclavos. Llega a asumir los cargos de lugarteniente general del Ejército y vicepresidente de la República en armas. Fracasada aquella gesta, Aguilera emigra, y vivir fuera de Cuba se le hace insoportable, sobre todo, por las decepciones que recibe de sus propios compatriotas. En misiones especiales viaja por Inglaterra, Italia y Francia, hasta que muere en Nueva York el 22 de febrero de 1877.

Joaquín Albarrán

Joaquín Albarrán Domínguez nace en Sagua la Grande, Cuba, el 9 de mayo de 1860. Estudia Medicina en Barcelona y en Madrid. En 1878 se muda a París donde gana una competencia para trabajar en los hospitales. En 1892 es profesor agregado de la Facultad de París, y dos años después ya ejerce como cirujano. Es miembro de la Sociedad Anatómica de Francia y de Cirugía de París. Escribe seis obras sobre Urología, fundamentales para muchos. Albarrán inventa un cistoscopio y un uretrótomo dilatador que salvan muchas vidas, y crea un instrumento que se conoce como "Uña de Albarrán", que ayuda a destruir tumores en la vejiga y a cicatrizar ulceraciones vesicales. A él se debe la prueba de la función renal. Es reconocido por los grandes científicos de su época y preside en 1908 el Primer Congreso Internacional de Urología. Joaquín Albarrán presenta a la Sociedad de Estudios Clínicos de La Habana su estudio sobre los micro-organismos del cáncer, colabora con los patriotas que luchan por la independencia de Cuba, y en *El Fígaro* escribe que, aunque había adoptado por patria a Francia, nunca olvidaba que era cubano y quería ser digno de la tierra en que había nacido. Joaquín Albarrán muere en París en 1912.

Isaac Albéniz

El músico y pianista español, Isaac Albéniz, nace en Camprodón, Gerona, el 29 de mayo de 1860. Catalogado como niño genio, a los cuatro años de edad ofrece un concierto de piano. Estudia en Francia, Bélgica y Alemania. Sus giras artísticas recorren Cuba, Puerto Rico, Estados Unidos y Europa, y varias veces es compañero de viaje de Franz Liszt. Tiene el privilegio de ser apoyado por el músico francés Paul Dukas. Albéniz es un músico prolífico, que escribe zarzuelas, óperas y piezas instrumentales. Entre sus zarzuelas se destaca *San Antonio de la Florida*; y, entre sus óperas, *Pepita Jiménez* y la trilogía *El Rey Arturo*. Sus obras para piano tienen el sello del virtuosismo, como *Suite española, Suite morisca, Capricho cubano, Caprichos andaluces* y la insoslayable *Suite Iberia*. Conjuntamente con Manuel de Falla y Joaquín Turina, Albéniz logra colocar la música española en el panorama internacional. Con su esposa Rosario tuvo tres hijos, y su hija, la pintora Laura Albéniz, es el brazo de apoyo de sus últimos años. Isaac Albéniz muere en Cambo-les-Bains, Francia, el 18 de mayo de 1909. Poco antes Enrique Granados le entrega la insignia francesa de la Legión de Honor.

INSPIRADORES

Juan Bautista Alberdi

El jurista argentino Juan Bautista Alberdi nace en Tucumán el 29 de agosto de 1810. Se gradúa de Doctor en Leyes en su patria en 1840, viaja a Europa y después se establece en Chile. Es nombrado embajador plenipotenciario de Argentina en Francia, Washington, Inglaterra y España, países con los que logra importantes lazos económicos y políticos. Es elegido senador por Tucumán y funda la *Asociación de Mayo* y el S*alón Literario*. También funda órganos de información como *La Moda, Boletín Musical, La Revista del Plata* y, en Uruguay, *El Iniciador*, además de colaborar con *El Talismán, El Tobías, El Edén* y otras publicaciones. Pero en lo que más se destaca Alberdi es en haber sentado las bases del panamericanismo, con obras como *El voto de América, Las palabras de un ausente, La omnipotencia del Estado es la negación de la libertad individual, El crimen de la guerra*, tratados de Derecho público americano y decenas de libros más, que han servido de base, un siglo después, a la Organización de Estados Americanos, OEA. Escribe también artículos costumbristas con la firma de "Figarillo" Juan Bautista Alberdi muere en París el 18 de junio de 1884.

23

Alfonso X, el Sabio

Alfonso X llamado el Sabio, rey de Castilla y León desde 1252 hasta 1284, nace en Toledo el 23 de noviembre de 1221. Al morir su padre, Fernando III, se enfrenta a los musulmanes, y conquista las fortalezas de Jerez y Cádiz, pero aspira sin éxito al Sacro Imperio Romano Germánico. Alfonso X le da un gran avance a la economía, y valor jurídico al Honrado Concejo de la Mesta, organización que representa los intereses de la ganadería del reino.También introduce el Derecho Romano en Castilla y León, y organiza las leyes. Las grandes realizaciones del monarca en el campo de la sabiduría, le merecieron con justicia el apelativo de Sabio. Tanto la cultura occidental como la oriental tienen amplia acogida en su reinado, a través de traducciones de la Biblia, el Corán y el Talmud, entre otras obras. En su reino se crean las tablas astronómicas y se construye la Catedral de León. La actividad historiográfica de Alfonso X y de sus colaboradores se concreta en obras como la *Estoria de España* y la *Grande e General Estoria*, en lengua romance. Como poeta, escribe las *Cantigas de Santa María*. Alfonso el Sabio muere en Sevilla, el 4 de abril de 1284.

INSPIRADORES

José de Anchieta

El misionero jesuita español, José de Anchieta, nace en Islas Canarias en 1533. A los 20 años de edad acompaña al Gobernador General Duarte Da Costa a Brasil, y es en esa parte de América donde se consagra a su apostolado. Colabora para que los franceses sean expulsados de Río de Janeiro, y pone su vida al servicio de los indígenas. Imparte la doctrina cristiana y funda el Colegio de Piratininga, para los indios y los hijos de los colonos. Realiza obras sociales y literarias, al extremo de conocérsele como iniciador de la cultura brasileña. Escribe sobre ciencias naturales e historia, y se dedica a estudiar la fauna, la flora y la geología. El Padre Anchieta cultiva la poesía, y vierte su prosa y su verso en castellano, latín, portugués y tupí, éste último, es el idioma de los indígenas. Escribe el poema "La vida de la Santa Virgen". Funda la Casa de la Misericordia para atender a toda la población. Gracias a los esfuerzos del Padre Anchieta, los templos, los hospitales y las escuelas que se fabrican sobrepasan la cifra de mil. En el estado de Espíritu Santo, en Brasil, hay una ciudad llamada Anchieta, bautizada con ese nombre para honrar a este santo misionero de Dios, que en 1597 fallece en ese lugar.

Francisco de Arango y Parreño

En La Habana nace Francisco de Arango y Parreño, el 22 de mayo de 1765. No es un luchador por la independencia, ni enemigo de España, pero sabe honrar su tierra y es vital para su desarrollo y progreso. No es un mártir de la libertad, pero Cuba le debe mucho en los campos de la ciencia, el comercio, la agricultura y hasta en lo literario. En el Seminario de San Carlos cursa Humanidades con Domingo Mendoza. Desde los catorce años, ya huérfano, dirige los extensos negocios familiares. Estudia leyes en la universidad y ya había cursado Filosofía. En Santo Domingo defiende una causa económica familiar y sale triunfador. Se destaca como orador agudo. Cursa estudios superiores en España. Lo nombran apoderado de la Corte del Ayuntamiento de La Habana, y se enfrenta al Gobierno para defender a sus compatriotas. Crea reformas administrativas que surten un gran efecto. Gracias a él se funda la Sociedad Económica de Amigos del País y la Junta de Comercio y Tribunal Mercantil. Escribe en el *Papel Periódico*. El Rey de España le concede la Gran Cruz de Carlos III. Logra para Cuba la libertad del comercio. Es elegido Diputado a las Cortes de España. Finalmente, Francisco de Arango y Parreño se retira a su ingenio "La Ninfa", donde sigue prestando servicios de orientación pública y donde muere el 21 de marzo de 1837.

INSPIRADORES

Santiago Argüello

El poeta y humanista nicaragüense, maestro de juventudes, Santiago Argüello, nace en León el 6 de noviembre de 1871. Se doctora en Derecho de la Universidad de Nicaragua en 1894, se dedica a la docencia y dirige el Instituto Nacional de Occidente, tanto en Masaya como en Managua. También dirige institutos en Honduras y Guatemala. Imparte clases de Psicología, Lógica y Estética, Literatura, Historia Universal, Filosofía del Derecho y Filosofía de la Historia Universal. En la Universidad de Vermont, Estados Unidos, enseña Literatura Castellana y Mística Española, y en la Facultad de Filosofía y Letras de México, Literatura General. Son múltiples sus libros, entre ellos, *Primeras ráfagas, De tierra cálida, Siluetas literarias, Viaje al país de la decadencia, Ojo y alma, La vida en mí, Ritmo e idea, El divino Platón y Modernismo y modernistas.* Argüello llega a ser senador en su país y preside la Corte de Justicia y el Congreso Nacional. Viaja a Europa y, al regreso, reforma el sistema penal de La Habana, predicando su escuela de rehabilitación en las cárceles cubanas. Santiago Argüello muere en Nicaragua el 4 de julio de 1940.

Aristóteles

El filósofo griego Aristóteles, uno de los genios mayores de la humanidad, nace en el año 384 (a. de C), en Estagira, Macedonia, por eso se le llamaba "El Estagirita". Tutor de Alejandro Magno, a los 17 años se convierte en discípulo de Platón. Da clases mientras pasea, con lo que funda la Escuela Peripatética. Escapa a la pena de muerte huyendo hacia la isla de Eubea. Clasificador de las ciencias las divide en Teoréticas, que son las Matemáticas, Física y Metafísica, esta última descubierta por él; las Prácticas, con la Política, Economía y Ética; la Poética, que incluye la Retórica; y también la Lógica, otra de sus creaciones. Pero sus investigaciones y conocimientos lo llevan a escribir también sobre el cielo, los orígenes de la muerte, partes de los animales, las plantas, el alma, y la escolástica que forma parte de su pensamiento. Sienta las formas de gobierno: Democracia, Aristocracia y Monarquía; es fundador de la Biología y clasifica por primera vez a los animales. Su discípulo Teofrasto reelabora sus libros. Aristóteles influye en el pensamiento cristiano gracias a los judíos españoles. De sus obras se conservan 47. Aristóteles muere en Eubea, en el año 322 (a. de C).

INSPIRADORES

Isidoro de Armenteros

Es poco conocido este patriota cubano, Isidoro de Armenteros, que nace en Trinidad, provincia de Las Villas, en la lejana fecha del 4 de abril de 1808. Es educado religiosamente en un convento de frailes. Hacendado y coronel de milicias, sus primeras luchas por Cuba las realiza junto a Narciso López. Al fracasar aquella conspiración, se traslada a Santiago de Cuba donde sufre cárcel. Queda libre y va a La Habana, donde conoce a compatriotas luchadores como Anacleto Bermúdez, jefe de la Junta Revolucionaria habanera, y Serapio Recio, presidente de la Sociedad Libertadora de Puerto Príncipe. Preparan un alzamiento en Trinidad, pero alguien los traiciona y tienen que huir, aunque Armenteros sigue reuniendo hombres para la guerra. Un mes después, el 24 de julio de 1851, da el grito de independencia al frente de unos sesenta hombres, y se enfrenta a algunas fuerzas coloniales, pero muy inferiores en número, los patriotas se dispersan. Armenteros se queda solo, y el primer día de agosto se presenta en el Regimiento de Tarragona, donde es apresado, enjuiciado militarmente y condenado a morir fusilado de espaldas. La sentencia se cumple el 18 de agosto de 1851.

Desi Arnaz

Desiderio Alberto Arnaz y de Acha III, el famoso Desi Arnaz, nace en Santiago de Cuba el 2 de marzo de 1917. A los 16 años de edad arriba a Estados Unidos, donde al principio limpia jaulas de canarios. Dedicado a la música integra el Septeto Siboney. Trabaja en la banda de Xavier Cugat en 1937 y forma su propio grupo en Miami. Todos lo conocen por su interpretación de "Babalú". En 1939 trabaja en la película *Too Many Girls*, donde conoce a Lucille Ball, con quien se casa en 1940. Filma otras tres películas con la RKO, y el clásico *Bataan* con la MGM. Sirve dos años en las Fuerzas Armadas de EE.UU. durante la Segunda Guerra Mundial para entretener a los soldados. Desi Arnaz concentra sus esfuerzos en la serie de televisión "I Love Lucy". En 1950 la pareja hace una gira artística, y con los $5,000 que reúnen filman una cinta piloto. En cuatro años su dinero se transforma en millones. Desi Arnaz compra los estudios de la RKO, inventa la utilización simultánea de tres cámaras desde distintos ángulos, y añade el sonido de la risa a los programas cómicos. Desi y Lucy, padres de dos hijos, se divorcian en 1960, y él escribe su autobiografía, que logra un gran éxito de ventas. Cuando la invasión a Playa Girón en Cuba, ayuda a liberar a los prisioneros de guerra. Desi Arnaz muere en California el 2 de noviembre de 1986.

José Artigas

El creador de la nacionalidad uruguaya, José Gervasio Artigas, nace en Montevideo el 19 de junio de 1764. Desde niño se relaciona con los indios charrúas, para quienes consigue 105,000 hectáreas del territorio de Arenguá en 1805. En 1811 va a Buenos Aires a comenzar la insurrección. Vence a los españoles en Las Piedras y el 21 de mayo sitia a Montevideo. Buenos Aires reconoce la jefatura española en la Banda Oriental, Artigas se retira con 15,000 hombres y se establece en la zona del arroyo Ayuí, en el llamado "éxodo del pueblo oriental". Al unirse porteños y portugueses contra Artigas, éste propone el Congreso de Tres Cruces planteando la independencia total. Entra en Montevideo en 1815, y lo nombran Protector de los Pueblos Libres. Fomenta la colonización de los indios guaycuruses y abipones, pero en 1820 es derrotado por los portugueses en Tacuarembó, y acompañado de lanceros negros cruza el río Paraná y se interna en territorio paraguayo. Artigas es invitado a volver a Montevideo, pero no acepta, y reparte entre los pobres su pensión de 32 pesos mensuales. José Artigas Muere en Asunción, Paraguay, el 23 de septiembre de 1850.

Luis Mario

Miguel Ángel Asturias

Nace en la capital de Guatemala el 10 de octubre de 1899. Comienza su incursión en las letras en el campo de la poesía, con el libro *Rayito de estrella*, en 1922, y su primer libro en prosa es *Leyendas de Guatemala*, en 1930. Este poeta, ensayista y novelista es diputado de su país en la Sociedad de Naciones y Embajador en Francia. Divide sus largos años de exiliado político en Argentina, Francia e Italia. Asturias está siempre preocupado por las relaciones latinoamericanas con Estados Unidos, de ahí su libro *Week end en Guatemala*, pero también aborda los problemas internos denunciando las dictaduras con otra obra significativa de 1946, *El señor presidente*. Ese mismo año publica *Hombres de maíz* y denota su preocupación por el indigenismo. Ganador del Premio Nobel de Literatura en 1967, ya Miguel Ángel Asturias es un escritor dotado de una constante fuerza lírica, tanto en verso como en prosa. Pero, más que con la literatura, su compromiso es con la absoluta independencia de su patria. Muere en Madrid el 9 de junio de 1974.

Mustafá Kemal Ataturk

Nace en Salónica en 1881. El nombre Kemal, que significa perfección, se lo añade su profesor de matemáticas debido a su gran facilidad en el manejo de los números, y el de Ataturk, que quiere decir padre de los turcos, se lo otorga la Asamblea Nacional en 1934. Está al frente del ejército turco en 1915, viene el armisticio de 1918 y con un grupo de incondicionales logra crear la Gran Asamblea Nacional de Turquía. Queda abolido el sultanado y en 1923 es nombrado presidente de la República. Traslada la capital a Ankara y hace grandes reformas orientadas a copiar las costumbres de los países occidentales. Consigue que las mujeres dejen de usar velos y, al introducir en su país los apellidos al estilo occidental, acaba convirtiéndose en el creador del estado moderno de Turquía. Otra de sus hazañas es la introducción en su país del alfabeto latino. Ejerce como primer mandatario hasta el día de su muerte, ocurrida en Ankara el 10 de noviembre de 1938, y deja para la posteridad un libro autobiográfico que titula *Los recuerdos de Gazi Mustafá Kemal Bajá*.

Jacqueline Auriol

La mujer piloto Jacqueline Marie-Thérèse Suzanne Douet, nace el 5 de noviembre de 1917 en Challans, Francia. Tras graduarse universitariamente en Nantes, estudia arte en el Ecole du Louvre en París. En 1938 se casa con Paul Auriol, hijo de Vincent Auriol, quien llegaría a ser primer presidente de la IV República. Durante la Segunda Guerra Mundial, Jacqueline Auriol, madre de dos hijos, sirve en la Resistencia. En 1950 se convierte en la primera mujer piloto de prueba, y al año siguiente establece un nuevo récord en un jet, a 508.8 millas por hora, rivalizando cordialmente con Jacqueline Cochran. En cuatro ocasiones bate el récord mundial de velocidad en avión a reacción, y varias veces es nombrada la "mujer más rápida del mundo", por lo que recibe grandes premios, como la Legión de Honor. Otra hazaña suya es volar 63 millas en 3 minutos y 23 segundos, a 37 mil pies de altura, a 1,149.65 millas por hora, batiendo un récord masculino de 1959. Es una de los primeros en pilotar el Concord. En 1968 publica *Vivir y volar*. Debido a un accidente en un vuelo en el que va de pasajera, tiene que reconstruir su rostro con varias operaciones. Jacqueline Auriol muere en París el 12 de febrero de 2000.

Juana Azurduy

Esta extraordinaria mujer llamada Juana Azurduy de Padilla, nace en Chuquisaca, en 1781, y se convierte en una guerrera por la independencia en el Alto Perú, hoy Bolivia. El apellido de Padilla le viene del general Manuel Ascencio Padilla, con quien se casa en 1802. Once años después de su boda, comienza a luchar en la guerra junto a su esposo. Su arrojo, su temeridad hacen de esta mujer una leyenda viva. En cierta ocasión Padilla tiene que trasladarse al Chaco, y deja a Juana al frente de su hacienda del Villar. Al ser atacada por los realistas, se enfrenta a ellos, da muerte a su jefe y le arrebata la bandera que, como trofeo de guerra, la entrega posteriormente a su esposo. La muerte de sus cuatro hijos y la del propio general Padilla no es obstáculo para que Juana Azurduy deje la lucha, y al terminar la guerra, ya con el grado de teniente coronel, el propio Simón Bolívar la premia con una pensión vitalicia. El nombre de esta heroína fue tomado para bautizar una provincia del departamento boliviano de Chuquisaca. Juana Azurduy, símbolo de patriotismo supremo, mujer de excepcional valentía, muere en Jujuy en 1862.

B

Luis Mario

Francis Bacon

El pintor inglés natural de Irlanda, Francis Bacon, nace el 28 de octubre de 1909 en Dublín. En 1914, al comenzar la Primera Guerra Mundial, sus familiares van a vivir a Londres. Ya finalizada la guerra, en 1927, realiza trabajos decorativos en Alemania y en Francia. Se siente atraído por obras de Pablo Picasso y se dedica a dibujos y acuarelas. De nuevo en Londres, empieza a realizar pinturas al óleo en 1929, pero sin tener preparación académica para ello. En un arranque de disconformidad y renovación, destruye sus pinturas en 1944. Al año siguiente, Bacon realiza Tres Estudios de Figuras junto a una Crucifixión, considerados como obras maestras. El Museo de Arte Moderno de Nueva York adquiere una obra suya, y 1949 marca el año de su inspiración en el arte de Velázquez, cuando pinta un retrato de Inocencio X, que coincide con el comienzo de exposiciones de sus obras. La mayor parte de sus trabajos pictóricos queda dedicada a hacer retratos, arte al que se consagra. Francis Bacon, que ha sido calificado como padre del expresionismo inglés, muere en Madrid el 28 de abril de 1992.

Robert Baden-Powell

El militar inglés Robert Stepherson Smyth Baden-Powell, creador de los Boy-Scouts, nace en Oxford el 22 de febrero de 1857. A los trece años es becado en la Escuela Charterhouse de Londres. En 1877 entra en el Ejército y es enviado a la India. A los 26 años lo ascienden a capitán. Escribe *Manual para la instrucción de la caballería* y *Reconocimiento y exploración*. Lo destinan a los Balcanes, Sudáfrica y Malta. En 1889 se destaca en Merut, India. Escribe *Guía para explorar*. De nuevo en África en 1899, pelea en la guerra Boer, ayudado por los jóvenes de Mafeking. Es ascendido a General Mayor y se convierte en Héroe del Imperio. Regresa a Inglaterra en 1900, donde un libro suyo es usado en las escuelas. En agosto de 1907 funda el primer campamento mundial de Boy-Scouts en la isla de Brownsea, con 24 jóvenes. Escribe más de 30 libros y *Escultismo para muchachos* se traduce a decenas de idiomas. Baden-Powell se retira del Ejército en 1910. En 1912 se casa con Olave Saint Clair Soames, con quien tiene tres hijos. Ella llega a ser Jefa Mundial de las Guías y él es Jefe Scout Mundial. Baden-Powell es aclamado y honrado universalmente. En 1938 regresa a África, y muere en Nyeri, Kenya, el 8 de enero de 1941.

Alberto Baeza Flores

El poeta Alberto Baeza Flores nace en Santiago de Chile el 11 de enero de 1914. Cultiva casi todos los géneros literarios. Dirige la Alianza de Intelectuales de Chile, y en 1940 es canciller del Consulado General de su país en Cuba, donde se casa con Elsa Pacheco en 1943. Funda revistas y colabora con un sinnúmero de ellas. También son múltiples los premios que recibe, como el del Centenario de José Martí en Cuba, en 1953, por su biografía *Vida de José Martí*. Es un viajero inagotable y en todas partes se dedica a la divulgación cultural y poética. En República Dominicana es premiado con el Caonabo de Oro, y la Universidad Pedro Henríquez Ureña le otorga el doctorado Honoris Causa en 1984. Baeza Flores vive años en España y en Costa Rica. De sus decenas de libros sobresalen *Elegías, Dolorido sentir, Isla en las Islas, Rapsodia cubana, Corazón cotidiano, Zona tórrida, Papeles en el viento, El mundo como reino, A la sombra de las galaxias, Las cadenas vienen de lejos, Para nunca olvidar, Poesía en el tiempo, Porque allí no habrá noche, Guitarra chilena* y varias obras sobre la literatura dominicana. Alberto Baeza Flores muere en Miami, Florida, Estados Unidos, el 5 de enero de 1998.

Balanchine

George Melitonovich Balanchivadze, bailarín y coreógrafo ruso conocido mundialmente como Balanchine, nace en San Petersburgo el 9 de enero de 1904. Desde los nueve años empieza a recibir entrenamiento en la Escuela Imperial de San Petersburgo, y se gradúa en 1921. Baila con el Ballet del Estado Soviético, que después sería conocido como Kirov. Se casa con Tamara Geva, y con ella y otros bailarines logra salir de la URSS, rumbo a la libertad, ya para siempre. El famoso Sergio Diaghilev lo ve bailar en Londres y lo coloca en la Ópera de Monte Carlo. En 1933 emigra a EE.UU. y renueva las comedias musicales en Broadway. Divorciado, se casa otras tres veces. Se le considera el coreógrafo más grande del siglo. Es un renovador del ballet, pero siempre se mantiene fiel sin romper con lo clásico en la música. Cuando alguien le pregunta cómo crea sus danzas, responde que no son creación de él, sino de Dios. Lo único que él hace, según confiesa, "es arreglar los pasos del ballet que ya existen, todos; sólo se trata de coordinarlos y armonizarlos". Balanchine contribuye a la fundación del New York City Ballet en 1948, y lo dirige artísticamente hasta poco antes de su muerte, que ocurre en Nueva York el 30 de marzo de 1983.

Aurelio Baldor

El matemático cubano creador del álgebra que lleva su nombre, Aurelio Baldor, nace en La Habana el 22 de octubre de 1906. Recibe su educación en la Universidad de La Habana. Su apellido se hace famoso cuando funda y dirige el Colegio Baldor, en las calles 23 y 4, en el barrio del Vedado en La Habana, que llega a contar con 3,500 alumnos y 32 ómnibus. Baldor otorga becas estudiantiles y colabora con los enfermos de cáncer. En 1941 publica el libro Álgebra de Baldor, que en seguida se convierte en texto del estudiantado continental. Al triunfo de la revolución en 1959, es acosado por los hermanos Castro. En un acto de graduación, los alumnos de Baldor se rebelan contra el comunismo, y es Raúl Castro quien va a arrestar al maestro, pero lo impide Camilo Cienfuegos, quien desaparece misteriosamente poco después. Con su esposa Moraima y sus siete hijos, Baldor sale rumbo a México el 19 de julio de 1960. Más tarde se traslada con su familia a Nueva Orleáns, Estados Unidos, y de ahí a Brooklyn, Nueva York, donde ejerce como profesor en Saint Peters College en New Jersey. Ya jubilado, Aurelio Baldor muere en Miami, Florida, el 3 de abril de 1978.

INSPIRADORES

Honorato de Balzac

El novelista y literato francés, Honorato de Balzac, nace en Tours el 16 de mayo de 1799. De 1807 a 1813 es internado en el colegio de Vendome. Estudia la carrera de Derecho en París. Se le considera creador de la novela sicológica y de costumbres de su país. Balzac ejerce muchos oficios, como el de fundidor de tipos de imprenta, pasante de abogado, notario, editor, impresor y hasta agricultor y negociante. En 1820 conoce a Laure de Berny, que es 22 años mayor que él, y la apoda "La Dilecta". Ella le entrega los últimos 16 años de su vida como amiga y amante. Balzac llega a escribir unas 85 novelas, pero deja tiempo para una vida bohemia. El libro que lo consagra es *La piel de zapa*. Intenta reunir sus obras completas en los veinte tomos de La comedia humana. Entre sus libros se destacan *U n proceso tenebroso, El médico de aldea, Una mujer de treinta años, El cura de Tours, Papá Goriot, La prima Bette, El primo Pons, El lirio en el valle* y la famosa *Eugenia Grandet*. Viaja a Kiev en 1850, conoce a Evelina de Hanska, y se casa con ella el 14 de marzo. Honorato de Balzac muere poco después, en París, el 18 de agosto de 1850. Emotivamente, Víctor Hugo despide el duelo.

Rafael María Baralt

El poeta, historiador y filólogo venezolano Rafael María Baralt, nace el 2 de julio de 1810 en Maracaibo. A los 13 años de edad participa patrióticamente de la Batalla Naval del Lago de Maracaibo. Termina el bachillerato en Bogotá, y de nuevo en su país publica sus artículos en la prensa. Colabora con el presidente José María Vargas en la Revolución de las Reformas de 1835. En 1837 empieza su labor historiadora, y escribe en colaboración el *Resumen de la Geografía de Venezuela*, el *Atlas* y *Resumen de la Historia de Venezuela*. Se traslada a España, cuya ciudadanía adopta, e investiga las fronteras entre Venezuela y la Guyana Inglesa. Escribe odas, entre ellas el "Adiós a la Patria" y la famosa premiada por el Liceo de Madrid, en 1849, "A Cristóbal Colón". Funda y dirige el periódico *El Siglo XIX*, y colabora con la Gaceta, *El Tiempo, El Clamor Público* y *El Espectador*. Publica el *Diccionario matriz de la lengua castellana* y el de *Galicismos*. El 15 de septiembre de 1853 es nombrado académico de número de la Real Academia Española, convirtiéndose en el primer hispanoamericano que lo consigue. Rafael María Baralt muere en Madrid, el 2 de enero de 1860.

Christiaan Barnard

El científico Christiaan Neethling Barnard nace en Beaufort West, Sudáfrica, el 8 de noviembre de 1922. Se gradúa de Doctor en Medicina de la Universidad de Ciudad del Cabo en 1946. Ejerce su oficio en Gran Bretaña y Alemania, y en 1958 se especializa como cirujano cardiovascular en la Universidad de Minnesota, Estados Unidos. Realiza el primer trasplante de corazón el 3 de diciembre de 1967, en el paciente Louis Washkansky, de 53 años, quien muere 18 días después por una neumonía doble. La donante es la mujer negra Dense Ann Darwall, de 25 años, muerta en un accidente. El paciente del segundo trasplante, Philip Blaiberg, el 2 de enero de 1968, logra vivir 563 días. En 1970 vaticina que en pleno siglo XX se fabricarían corazones artificiales. Continúa haciendo trasplantes, mejorando la técnica, cada vez con más éxito, pero la artrosis le impide seguir operando después de 1983. Barnard se casa tres veces y tiene seis hijos. Ofrece conferencias por todo el mundo y escribe sobre Medicina además de novelas. Su carácter afable y risueño le gana la simpatía y la admiración generales. Christiaan Barnard muere en Chipre el 3 de septiembre de 2001.

Gustavo Adolfo Bécquer

En Sevilla, España, el 17 de febrero de 1836, nace el poeta español, romántico por excelencia, Gustavo Adolfo Bécquer, cuyos apellidos eran Domínguez Bastida. A los once años de edad ya es huérfano de padre y madre. Su madrina, Manuela Monnehay, se hace cargo de él, y en la biblioteca de su nueva casa lee intensamente. En el Colegio de San Telmo conoce a Narciso Campillo, con quien precozmente se inicia en la literatura. Vive en Madrid en 1849, y hasta 1854 estudia en el taller del pintor Antonio Cabral. A él y a su amigo Campillo, se les une en 1853 Julio Nombela. Con Luis García Luna escribe obras teatrales bajo la firma de Adolfo García. Hacia 1858 cae enfermo. Alrededor de 1860 escribe sus *Rimas*, que se publican póstumamente. En 1861 trabaja como periodista de *El Contemporáneo*. Una carta suya de 1859, a su amigo cubano Ramón Rodríguez Correa, indica que su amor imposible es Elisa Guillén, pero en 1861 se casa con Casta Esteban Navarro. En 1863 ya ha publicado casi todas sus *Leyendas*. Separado de su esposa, vive con su hermano pintor Valeriano, quien muere en 1870, y tres meses después, el 22 de diciembre, también muere Gustavo Adolfo Bécquer, poeta tan auténtico, que le bastaron unos ochenta poemas breves para inmortalizar su nombre.

INSPIRADORES

Ludwig van Beethoven

Compositor alemán de ascendencia flamenca, nace Ludwig van Beethoven en Bonn el 16 de diciembre de 1770. Desde niño domina el piano, el órgano y el violín. En Viena, Mozart le augura un gran futuro cuando escucha sus improvisaciones. De regreso en su patria, muerta su madre y alcohólico su padre, se pone al frente de la familia. En 1792 regresa a Viena donde se establece para siempre. Estudia con Haydn, y gana notoriedad como profesor, pianista y compositor. Como hombre enamorado no tiene suerte y nunca se casa. A los treinta años de edad comienza a padecer de sordera progresiva, y a los 44 ya está completamente sordo. Entre sus obras mayores se destacan sus nueve sinfonías. La tercera es la *Heroica*, porque la crea para honrar a Napoleón Bonaparte, pero cuando éste se proclama Emperador, Beethoven borra la dedicatoria. Otras sinfonías son insuperables, como la quinta, la *Pastoral*, que es la sexta y la *Coral*, que es la novena, la más grandiosa. Escribe cinco conciertos para piano, uno para violín y otro para piano, violín y violonchelo. En sus obras hay oberturas, sonatas, valses, marchas y una larga serie de composiciones, muchas de ellas geniales que, a pesar de la sordera del músico, marcan un hito en la historia de la música mundial. Beethoven muere en Viena el 26 de marzo de 1827.

Fernando Belaúnde Terry

El dos veces presidente de Perú, Fernando Belaúnde Terry, nace en Arequipa el 7 de octubre de 1912. A los doce años su padre, Rafael Belaúnde, sale exiliado hacia París, y él comienza sus estudios en la capital francesa y los concluye en EE.UU., en la Universidad de Texas, donde se gradúa de arquitecto en 1935. Al volver a su país, funda en 1936 la revista *El Arquitecto Peruano*, y sale elegido diputado en Lima. Belaúnde crea el Partido Acción Popular y, candidato a presidente, es derrotado por Manuel Prado en 1956, pero resulta elegido en 1963. Cinco años después es derrocado por el general Juan Velasco Alvarado, y se exilia en Estados Unidos, donde ejerce la docencia. En 1971 se casa con su secretaria Violeta Correa. Al volver la democracia a Perú, Belaúnde regresa y es elegido presidente, por segunda vez, en 1980. Lo primero que hace es devolverles los medios de prensa a sus legítimos dueños. Se destaca por sus obras y por su honestidad. Al terminar su mandato, pasa a ser senador vitalicio. En mayo de 2002, Fernando Belaúnde Terry coloca flores en la tumba de su esposa, con un mensaje: "Espérame", y muere en Lima poco después, el 4 de junio.

Alexander Graham Bell

Este profesor de elocución y físico inglés, naturalizado estadounidense, nace en Edimburgo en 1847 y en esa misma ciudad se doctora en Medicina. Después estudia en Londres y en 1870 parte hacia Canadá, donde trabaja en la perfección de un sistema de enseñanza de sordomudos que había inventado su padre, Alejandro Melville Bell. Ya en Estados Unidos, es nombrado profesor de Fisiología Vocal de la Universidad de Boston en 1872. Se dedica a estudiar la transmisión del sonido, y con la ayuda de su auxiliar, Thomas A. Watson, logra inventar el teléfono que patenta el 7 de marzo de 1876. En 1877 funda la compañía Bell Telephone y posteriormente inventa el fotófono. Francia le otorga el prestigioso premio Volta, y el científico ejerce la filantropía. Por quienes más hace es por los sordomudos, aunque Bell también se dedica a estudiar la aviación. El invento del teléfono se conmemora en Brantford con la erección de un monumento en 1917. Alexander Graham Bell recibe múltiples honores durante toda su vida. A pesar de sus numerosos descubrimientos, se le recuerda principalmente por el teléfono, y muere en su residencia de Nueva Escocia, el 2 de agosto de 1922.

Andrés Bello

El filólogo, educador y poeta Andrés Bello nace en Caracas el 29 de noviembre de 1781. Estudia filología, periodismo, pedagogía, filosofía y literatura. Escribe *Resumen de la Historia de Venezuela*. Como profesor cuenta entre sus discípulos con Simón Bolívar, con quien va en 1810 a Londres como delegado de la Junta Revolucionaria de Caracas. Estudia filología y literatura medieval. Sigue en Inglaterra como exiliado y en 1823, con el colombiano J. García del Río, funda la revista *Biblioteca Americana*, donde publica *Alocución a la poesía*. En 1829 acepta en Chile, su patria adoptiva, el cargo de oficial mayor del Ministerio de Relaciones Exteriores. Publica en 1835 *Ortología y métrica,* y en 1841, su obra más famosa: *Gramática de la lengua castellana* dirigida a los hispanoamericanos. En 1843 es Primer Rector de la Universidad de Santiago, que había sido organizada por él mismo, y publica *La oración por todos*. En 1850 da a conocer su *Compendio de historia de la literatura universal*, y cinco años después aparece el Código Civil de Chile, logrado bajo su dirección como jurídico. Andrés Bello muere en Santiago de Chile el 16 de octubre de 1865. En 1881 se publican quince volúmenes de su *Filosofía del entendimiento*.

Gonzalo de Berceo

Este poeta español, el más antiguo de nombre conocido de la Edad Media, gracias a que él mismo lo dice en un verso de *Milagros de Nuestra Señora*, se supone que nace en Berceo hacia 1198. Su firma aparece en 1220 calzando escrituras como diácono testigo en San Millán de la Cogolla, en relación con la compra de varias heredades que hace Pedro de Olmos para el monasterio de San Millán. Antes de 1240 es ordenado sacerdote. Con su firma va dejando huellas de su existencia a través de varios documentos, hasta el último, que data de 1264, en un testamento de un tal Garci Gil, quien reconoce a Gonzalo de Berceo como su maestro de confesión. Berceo es el primer poeta castellano que se preocupa por la métrica, y escribe siempre en cuaderna vía, como autor culto. Su tema invariable es el religioso, y su mejor obra es *Milagros de Nuestra Señora*. Escribe mucho y es sencillo, pero erudito. A él se debe también el *Martirio de San Lorenzo, El sacrificio de la misa* y la vida de *Santo Domingo de Silos, San Millán de la Cogolla* y *Santa Oria*, además de *Loores de Nuestra Señora* y tres himnos. Se supone que Gonzalo de Berceo muere hacia el año 1274.

Vitus Bering

El navegante danés Vitus Bering nace en Horsens en 1681, y a los 23 años de edad se alista en la armada rusa, donde llega a subteniente y después capitán, por su hoja de servicios en la guerra contra Suecia. En 1724 encabeza una expedición destinada al norte de Siberia y el Océano Pacífico. Explora el estrecho que había descubierto Dechnew, y que después se llamaría el Estrecho de Bering, e investiga si la región está ligada al Nuevo Mundo. Cuando la expedición arriba a Okhotsk, construye un barco que la transporta a la península de Kamchatka. Hacia 1728 Bering navega más al norte y pasa sin poder ver a Alaska, piensa entonces que América y Asia están separadas y que existe un paso al noreste. Participa de una próxima expedición a Kamchatka en 1733, y en 1741 quiere ir a América, pero desembarca en la isla de Kayak. Descubre varias de las islas Aleutianas y, acosado por el hambre y las enfermedades, se ve obligado a buscar refugio en una de ellas, Awatscha, donde muere en 1741, junto a una gran parte de los expedicionarios. En su honor, la isla tomaría después el nombre de Bering, y en 1991 un grupo de arqueólogos encuentra su tumba en aquel lugar.

Sarah Bernhardt

Henriette Rosina Bernard, la actriz trágica Sarah Bernhardt, nace en París el 22 de octubre de 1844. De niña vive en un convento y a los 14 años entra en el Conservatorio de Arte Escénico en París. Su debut teatral es en 1862, con la comedia de Jean Racine *Iphigénie en Aulide*. Actúa en diversas obras de famosos autores con las que recorre el mundo, pero la que más fama internacional le da es *La dama de las camelias*, de Alejandro Dumas. En gira por Estados Unidos con sus presentaciones, compra el Teatro de la Opera Cómica. Casi contrae matrimonio con el príncipe Henri de Ligne, con quien tiene un hijo natural, y de hacerlo hubiera renunciado a su carrera artística. Sus tremendas posibilidades en la actuación quedan demostradas al interpretar el papel masculino de *Hamlet,* a los 70 años de edad. Limita sus actuaciones cuando es necesario amputarle una pierna, y trabaja entonces en obras en las que no tiene que caminar. Ella misma escribe tres obras de teatro, y también se destaca como pintora y escultora, por cuyas obras es premiada en 1876 y en 1900. Sarah Bernhardt muere en París el 27 de Marzo de 1923.

Gian Lorenzo Bernini

El escultor y arquitecto Gian Lorenzo Bernini, considerado el mejor artista barroco italiano de su época, nace en Nápoles el 7 de diciembre de 1598. Creador del estilo llamado berninesco, una de sus principales obras, Apolo y Dafne, pertenece a la Galería Borghese. Le da esplendor a Roma principalmente por haber sido protegido de los papas, desde Urbano VIII hasta Inocencio XI. Muchas edificaciones y fuentes en Roma llevan su firma, y es el autor de los 23 candelabros y crucifijos que adornan la Basílica de San Pedro, obra que diseña a pedidos del papa Alejandro VII. Bernini se destaca también como retratista, y esculpe bustos y estatuas de personajes célebres. El cardenal Fernando Cornaro le manda a construir la capilla de familia en la iglesia de Santa María de la Victoria, y esa es una de sus obras más exitosas. El arte de Bernini está presente en cada rincón de Roma, y su principal aporte artístico es el amplio vestíbulo con dos plazas que guían a los fieles hacia la Basílica de San Pedro. Esta obra incluye 62 estatuas de santos. También decora la cátedra de San Pedro, con las cuatro estatuas de los Padres de la Iglesia: San Juan Crisóstomo, San Ambrosio, San Agustín y San Atanasio. Gian Lorenzo Bernini muere en Roma el 28 de noviembre de 1680.

Leonard Bernstein

El pianista, músico y director de orquesta estadounidense, Leonard Bernstein, nace en Lawrence, Massachussets, el 25 de agosto de 1918. Recibe una profunda educación musical desde joven, al estudiar piano en la Boston Latin School de Harvard, y dirección de orquesta en el Cutis Institute de Filadelfia. Su primera relación con la Orquesta Sinfónica de Nueva York es como ayudante del músico ruso Sergio Koussevitzky, y al pasar a ser director de esa orquesta, su fama comienza a extenderse. Como compositor, obtiene sus primeros grandes éxitos con los ballets *Francy Free* y *Facsímile*, además de una comedia musical que tituló *On the Town*, (En la ciudad). Pero la obra que coloca su nombre en las carteleras del mundo entero es *West Side History*, triunfadora en Broadway y tema de un largometraje. Otras obras de Bernstein son *Sonata para clarinete y piano, Lamentaciones de Jremías*, números musicales para piano, partituras para el cine y el teatro, *Wonderful Town* (Ciudad maravillosa); *On the Waterfront* (En los muelles); *Candide* y, especialmente, *Joy of Music* (La alegría de la música). Leonard Bernstein muere en Nueva York el 15 de octubre de 1990.

Buffalo Bill

William Frederick Cody, el explorador y guía de Estados Unidos conocido como Buffalo Bill, nace en el condado de Scott, Iowa, en 1845. Ya en 1859 se convierte en uno de los jinetes del Pony Express. En 1861, al comenzar la guerra civil, colabora con el Ejército de la Unión, y dos años después pasa a ser explorador del VII de Caballería de Kansas. Al terminar la guerra, Cody asume la tarea de cazar búfalos (bisontes) para los trabajadores de la línea de ferrocarril Kansas Pacific, y casi once años después ya había cazado 4286 búfalos, ganándose así el apodo de Buffalo Bill. De 1868 a 1872 regresa al Ejército como explorador, y el Gobierno le otorga la Medalla del Congreso. Es combatiente en la guerra librada contra los indios Sioux en 1876, y derrota y mata al jefe indio Mano Amarilla en lucha cuerpo a cuerpo. En 1883 crea el espectáculo "Wild West", con personajes reales como rancheros mexicanos y vaqueros de Estados Unidos, y el éxito lo lleva a Europa de 1887 a 1900. En el estado de Wyoming hay una ciudad que se llama Cody en su honor, y su fama invade películas, libros y tiras cómicas. Buffalo Bill muere en Denver, Colorado, el 10 de enero de 1917.

INSPIRADORES

Georges Bizet

Alejandro César Leopoldo Georges Bizet, el músico francés que hizo famoso el nombre de Georges Bizet, nace en París el 25 de octubre de 1838. Niño prodigio, desde los nueve años de edad es admitido en el Conservatorio de París, donde gana el primer premio de solfeo seis meses después. Su cantata *Clovis et Clotilde* logra el Gran Premio de Roma en 1857. El 28 de enero de 1858 se traslada a Italia donde compone la ópera bufa *Don Procopio*, y después la *Sinfonía con coros*, que subtitula *Vasco de Gama*. Otras obras suyas son la ópera I*ván el Terrible* y la *Sinfonía en do mayor.* De regreso a su patria transcribe para piano música francesa, alemana e italiana. Trabaja intensamente en nuevas obras, y el 3 de junio de 1869 se casa con Geneviève Halèvy, hija del famoso Jacques-Fomental-Élie Halèvy, que había sido profesor suyo. Georges Bizet renueva la ópera nacional, que consigue distanciar de la influencia italiana. Escribe piezas para piano, entre ellas una a cuatro manos y, finalmente, el 3 de marzo de 1875, presenta la ópera *Carmen*, su obra maestra por excelencia. No obstante, dolido Bizet por los críticos injustos, destruye valiosos manuscritos, pero *Carmen* es presentada 33 veces antes de que él muera en Bougival, Francia, el 3 de junio de 1875.

William Blake

El pintor, grabador y poeta inglés William Blake nace el 28 de noviembre de 1757 en Londres. Desde muy joven escribe *Esbozos poéticos* y estudia grabado desde los 14 años, después pasa a la Academia Real, que abandona por incompatibilidad con el neoclasicismo. Fracasa cuando abre una imprenta en 1784.

A Blake se le considera un iniciador del romanticismo, y sus gráficos representan un desafío a los estilos de su época. Por la exageración de la musculatura del cuerpo humano se dice que es influido por Miguel Ángel. Blake dedica gran parte de su producción pictórica a temas religiosos, y son famosas sus ilustraciones de la Biblia, y de libros de escritores como John Milton. Para el *Libro de Job* realiza unas 21 ilustraciones, y desde 1800 vive en la ciudad de Felpham, al lado del mar. Allí trabaja tres años, gracias a la ayuda de William Hay Ley. En las postrimerías de su vida artística escribe obras como *Una isla en la luna*, y publica una selección de cartas, notas y poemas breves escritos entre 1793 y 1818. Esa selección es el llamado Manuscrito Rossetti, porque Dante Gabriel Rossetti lo adquirió en 1847. William Blake muere en Londres, el 12 de agosto de 1827.

Andrés Eloy Blanco

El poeta venezolano Andrés Eloy Blanco nace en Cumaná, Estado de Sucre, el 6 de agosto de1897. Integra el Círculo de Bellas Artes en 1913. Gana los juegos florales de 1918 con su *Canto a la Espiga y al Arado.* Sufre cárcel política estudiantil y se gradúa de Doctor en Derecho en la Universidad Central de Venezuela. Con su poema "Canto a España" gana el concurso de la Real Academia Española en 1923. En 1924 es elegido miembro de la Real Academia Sevillana de Buenas Letras. Defensor del sistema democrático, cae preso político desde 1928 hasta 1932. Viaja a Cuba, Estados Unidos y Canadá. Funda el periódico *El Imparcial*. Colabora con *Ahora, El Nacional, El Universal* y *El País*. En 1944 se casa con Lilina Iturbe. Preside la Asamblea Nacional Constituyente en 1946, y más tarde es senador, ministro de Relaciones Exteriores y diputado del Congreso Nacional. Entre sus muchos libros resaltan *Tierras que me oyeron, La aeroplana clueca, Barco de piedra, Canto a los hijos, Abigail, Malvina Recobrada, Baedeker 2000, Poda, Bolívar en México y Giraluna.* Al ser derrocado Rómulo Gallegos, Andrés Eloy Blanco se va a Cuba y a México, y muere en un accidente automovilístico en Cuernavaca el 21 de mayo de 1955.

Vicente Blasco Ibáñez

El novelista español Vicente Blasco Ibáñez nace en Valencia el 29 de enero de 1867. Estudia dos años la carrera de Derecho y a los 17 años se va a Madrid, pero por motivos políticos huye a París. Regresa amnistiado a España en 1891, y escribe casi completa la *Historia de la revolución española desde la guerra de la Independencia hasta la Restauración en Sagunto*. Blasco Ibáñez participa en unos veinte duelos. Funda en Valencia el periódico *El Pueblo*, órgano del Partido Republicano. Cumple un año de cárcel por delitos políticos y en 1898 es elegido Diputado a Cortes. Con 600 agricultores, funda en 1909 dos fracasadas colonias en la Patagonia. Se establece en París. Escribe en nueve tomos la *Historia de la guerra europea de 1914*. Como escritor, su enorme obra de corte realista incluye *Los cuatro jinetes del Apocalipsis, En busca del Gran Khan, El Papa del mar, Sangre y arena, Cañas y barro, Los argonautas* y *Cuentos valencianos*. Francia lo nombra Caballero de la Legión de Honor en 1906, y la Universidad George Washington lo designa Dr. Honoris Causa en 1920. Vicente Blasco Ibáñez muere en los Alpes marítimos, el 28 de enero de 1928.

Pedro Luis Boitel

Nace en Jovellanos, Matanzas el 13 de mayo de 1931. Estudia incansablemente. Lo contrata la empresa radial CMQ donde demuestra su liderazgo. Se matricula en la Universidad de La Habana para estudiar Ingeniería Eléctrica. Con otros estudiantes, en los años cincuenta, se enfrenta al Gobierno del general Batista. Funda el Movimiento 26 de Julio. Es arrestado dos veces y sale exiliado rumbo a Venezuela. Sus conferencias universitarias advierten sobre el peligro del comunismo. En 1959 regresa a Cuba. Personalmente, Fidel Castro le ofrece el Ministerio de Comunicaciones para que renuncie a la presidencia de la Federación Estudiantil Universitaria, pero no acepta y es despojado de ese cargo, que ya tenía ganado. Es fundador del Movimiento de Recuperación Revolucionaria. Lo arrestan y es condenado a diez años de prisión. Sufre torturas en la cárcel, y se hace un símbolo de resistencia cristiana y patriótica. Maltratado entre rejas, el 3 de abril de 1972 comienza una huelga de hambre y sin asistencia médica muere en el Castillo del Príncipe el 24 de mayo.

Simón Bolívar

El Libertador, Simón Bolívar, nace en Venezuela el 24 de julio de 1783. Estudia en Madrid y es uno de los creadores de la Declaración de Independencia en 1811. Al frente de un pequeño ejército expulsa a los enemigos de las orillas del Magdalena. Cruza los Andes con ochocientos hombres y en Caracas lo reciben con el título de Libertador. Posteriormente se hace fuerte en los llanos del Orinoco, donde derrota a los realistas y establece la capital en Angostura. Vuelve a atravesar los Andes con un ejército hambriento y semidesnudo, y derrota a los españoles en el Puente de Boyacá. Presidente de la Gran Colombia, marcha sobre Venezuela y obtiene otra victoria en Carabobo. Abate a los españoles en Junín y en Ayacucho. Declara con Sucre la independencia de Bolivia y lo hacen presidente vitalicio de ese país y de Perú. Bolívar es un emancipador de pueblos y su mayor sueño fue la unión hispanoamericana, pero las divisiones políticas lo inducen a renunciar al mando, y muere en San Pedro Alejandrino, el 17 de diciembre de 1830, pobre y tuberculoso, esperando por un pasaporte colombiano que nunca le enviaron.

Jorge Luis Borges

El poeta, escritor y ensayista argentino, Jorge Luis Borges, nace en Buenos Aires el 24 de agosto de 1899. Domina el inglés desde niño y a los siete años escribe sobre mitología griega. En 1918 se integra al movimiento ultraísta en España. Vuelve a su país en 1921 y funda la revista *Proa*. Su primer libro de poemas, *Fervor de Buenos Aires*, data de 1923. Abandona la vanguardia y escribe cuentos y poemas, y desde 1930 es ya uno de los primeros narradores del siglo. Publica, entre otros libros, *Historia universal de la infamia, Ficciones, El jardín de los senderos que se bifurcan* y *El Aleph*, y obras poéticas como *Luna de enfrente, El hacedor, Elogio de la sombra, La rosa profunda* y *Los conjurados*. El antiguo ultraísta escribe hondos y sabios sonetos y recibe grandes honores de muchos países y los más altos premios internacionales como el *Formentor*, del Congreso Internacional de Editores, y el Cervantes, de España, los que comparte con Samuel Beckett y Gerardo Diego, respectivamente. De forma inexplicable, la Academia Sueca le niega el Nobel, más que merecido por él. Jorge Luis Borges muere en Ginebra el 14 de junio de 1986.

Wernher von Braun

El físico estadounidense Wernher von Braun nace en Wirsitiz, a la sazón territorio alemán, el 23 de marzo de 1912. Genio de los viajes interplanetarios, construye los cohetes V-2. Estudia cómo aplicar la propulsión por reacción. Después de la Segunda Guerra Mundial va a vivir a EE.UU., donde preside la producción de proyectiles dirigidos. Desde 1955 adopta la ciudadanía estadounidense. En 1956 crea el cohete *Júpiter* de cuatro pisos que logra una distancia de más de 5 mil kilómetros, y el 31 de enero de 1958 lo utiliza para el lanzamiento del satélite *Explorer*. Trabaja intensamente en los vuelos espaciales, y así van surgiendo el "Pioneer", el "Ranger", el "Gemini" y otros proyectos que dejan muy atrás los experimentos de la Unión Soviética. Ya cubierto de gloria deja la Administración Nacional de Aeronáutica y del Espacio (N.A.S.A.) en 1972. Recibe muchos honores y publica obras como *La conquista del espacio* y *Viaje a la Luna*. Hombre de fe, Von Braun escribe lo siguiente: "Creo en la inmortalidad del alma. La ciencia ha demostrado que nada llega a aniquilarse. Luego la vida y el alma no podrán tampoco reducirse a la nada y, por tanto, son inmortales". Wernher Von Braun muere en Virginia el 16 de junio de 1977.

INSPIRADORES

Claudio José Domingo Brindis de Salas

El 4 de agosto de 1852, nace Claudio José Domingo Brindis de Salas, un niño negro que a los diez años toca el violín en el Liceo de La Habana. Después, en el Conservatorio de París recibe un primer premio. Hace una gira por Milán, Turín, Florencia, Berlín, St. Petersburg y Londres, y recibe el título de Barón de Salas por sus interpretaciones al violín. Gobernantes, reyes y emperadores lo aclaman, y recorre entonces casi toda Iberoamérica. Regresa a Cuba en 1877, después viaja a México y nuevamente a Europa, de triunfo en triunfo. De nuevo en Cuba en 1900, ofrece conciertos en toda la isla. Se le conoce como "El Rey de las Octavas" y "El Paganini de Ébano". Brindis de Salas, que disfruta a plenitud el éxito internacional, muere sin embargo humildemente en Buenos Aires el 2 de junio de 1911. Desde mayo de 1930 sus restos descansan en el Panteón de la Solidaridad Musical en La Habana. Su padre, también violinista, Claudio Brindis de Salas, nace en La Habana el 30 de octubre de 1800. Dirige la orquesta "La Concha de oro", y compone la opereta *Las congojas matrimoniales*. Y el 17 de diciembre de 1872 muere en La Habana, ciego, pobre y abandonado.

Joseph Brodsky

El poeta soviético nacionalizado estadounidense en 1977, Joseph Brodsky, nace en Leningrado, hoy San Petersburgo, el 24 de mayo de 1940. Durante su juventud, Brodsky es expulsado de siete escuelas y a los 15 años va a trabajar en una fábrica. Su preparación es autodidáctica y comienza a escribir a los 18 años. El gobierno lo acusa de parasitismo social. Un juez le pregunta dónde se graduó de poeta, y el contesta: "Creía que era un don de Dios". Sentenciado a cinco años de trabajos forzados en 1964, escritores rusos y extranjeros abogan por él y cumple sólo 18 meses. En 1972 consigue emigrar a Estados Unidos con la condición de que no vuelva nunca más. Publica *Cartas a un amigo romano,* para honrar a Plinio el Viejo. Otros libros son *Elegía a John Donne, Debut, Versos en la campaña de invierno, La canción del péndulo y Marca de aguas.* Su colección de Poemas selectos se publica en inglés en 1973, a la que sigue *Parte de discurso.* Traduce al ruso a poetas ingleses. En 1986 publica su ensayo Menos que uno y en 1987 recibe el Premio Nobel de Literatura. Joseph Brodsky muere en Nueva York, el 28 de enero de 1996.

INSPIRADORES

Pearl S. Buck

La escritora estadounidense Pearl S. Buck nace en Hillsboro, Virginia, el 26 de junio de 1892. Hija de un misionero de EE.UU. en China, su niñez queda atada a ese país, aunque recibe su educación en Randolph-Macon College for Women, en Virginia. En 1917 regresa a China y, desde 1921 hasta 1931, enseña literatura estadounidense en la Universidad de Nankin y en la de Chung Yang. Gana en 1932 el Premio Pulitzer por su novela *La buena tierra*, ambientada en China, y completa la trilogía con *Los hijos de Wang Lung* y *La familia dispersa*. Regresa a Estados Unidos en 1933 y un año después se casa con su editor Richard Walsh. Desde 1934 ayuda a niños asiáticos hijos de estadounidenses y llega a adoptar a nueve de ellos. Recibe el Premio Nobel de Literatura en 1938. Novelista de gran éxito editorial, Pearl S. Buck escribe unos ochenta y cinco libros, y en muchos resalta su simpatía por el pueblo chino. Otras obras famosas suyas son *Mis dos mundos*, (libro autobiográfico); *Peonía, Viento del este, viento del oeste, La madre, Casa de tierra, El patriota, Carta de Pekín, Este orgulloso corazón, Otros dioses* y *Una casa dividida*. Pearl S. Buck muere en Danby, Vermont, el 6 de marzo de 1973, dejando su fortuna para obras de caridad relacionadas con niños asiático-estadounidenses.

José Ángel Buesa

El poeta más popular de Cuba, José Ángel Buesa, nace en Cruces, Las Villas, el 2 de septiembre de 1910. Premio Nacional de Literatura por la Academia de Artes y Letras en 1938, viaja por Europa, Asia y América. Además de novelas, como *Soplaba el viento sur*, escribe libretos para radio y televisión, amén de artículos y ensayos en diversas publicaciones. Dirige en Cuba la Organización Nacional de Bibliotecas Ambulantes y Populares (ONBAP), y logra fama continental al publicar en 1943 su libro Oasis, que alcanzaría veinte ediciones autorizadas. En 1963 sale exiliado hacia México, y cinco años después se muda a República Dominicana. Ejerce como profesor de Literatura de la Universidad Nacional Pedro Henríquez Ureña, y desde 1976 dirige la revista *Aula*, y las publicaciones universitarias. Entre otros libros suyos resaltan *La fuga de las horas, Misas paganas, Babel, Poemas en la arena, Canto final, Muerte diaria, Cantos de Proteo, Nuevo Oasis, Poeta enamorado, Poemas prohibidos, Tiempo en sombra, Horario del viento* y *Los naipes* marcados. En prosa publica *Método de versificación* y una autobiografía: *Año bisiesto*. José Ángel Buesa muere en Santo Domingo el 14 de agosto de 1982.

Robert Wilhelm Bunsen

Nacido en Gottigen, Alemania, el 31 de marzo de 1811, Robert Wilhelm Bunsen es un científico químico profesor de varias universidades. Inventa la pila o batería que lleva su nombre y un calorímetro que se apoya en la disminución del tamaño del hielo cuando se funde. Descubre las relaciones de la electricidad aplicada a las descomposiciones químicas. Investiga el espectro solar y, conjuntamente con Henry Roscoe, formula la llamada ley de reciprocidad sobre el efecto fotoquímico, que al producirse es igual al producto de la intensidad de la iluminación por la duración de la exposición. A Bunsen también se debe el antídoto del arsénico, pero su principal descubrimiento es haber aislado el radical cacodilo, trabajo que le costó la pérdida de la vista en un ojo. Bunsen recibió múltiples reconocimientos por su labor científica, como la de ser elegido miembro extranjero de la Sociedad Química de Londres en 1842. Es un hombre que nunca se da por vencido cada vez que lleva sus sueños a la mesa de investigación, y muere en Heidelberg, Alemania, el 16 de agosto de 1899.

Luis Mario

Julia de Burgos

Julia Constanza Burgos García, la gran poetisa lírica puertorriqueña Julia de Burgos, nace en el barrio de Santa Cruz de Carolina el 17 de febrero de 1914. De ascendencia pobre, con grandes sacrificios se gradúa con honores universitarios de Maestra Normalista, y ejerce el magisterio desde los 19 años, en el barrio Cerro Arriba de Naranjito. En 1934 se casa con Rubén Rodríguez Beauchamp. No se sabe cuándo se deshace ese matrimonio. Publica sus primeros versos con la firma de Julia Burgos. Empezaría definitivamente como Julia de Burgos desde 1937. En 1938 publica *Poema en 20 surcos*. Vive en Nueva York en 1940, y en el mes de julio de ese mismo año se traslada a Cuba, desde allí envía a Puerto Rico el libro *El mar y tú*, que se publica póstumamente. Sale de Cuba en marzo de 1942. En 1943 escribe en Nueva York para la revista *Pueblos Hispanos*, y en 1944 el músico Armando Marín la lleva a Washington, donde ella estudia portugués por las noches. El poema más conocido de Julia de Burgos es "Río Grande de Loíza". El alcohol, la soledad y las penas van destruyendo a Julia de Burgos, que muere en el hospital neoyorquino Goldwater Memorial, de Welfare Island, el 30 de abril de 1953. Hoy es una Heroína Nacional de Puerto Rico.

Edmund Burke

El estadista, orador y escritor inglés, Edmund Burke, nace en Dublín el 12 de enero de 1729. Estudia en Londres leyes y filosofía y, como político, se destaca por la elocuencia de su oratoria en el Parlamento. Su primera obra es *Una vindicación de la sociedad natural*. En 1757 se casa con Jane Nugent, y su carrera política comienza en 1765, como secretario privado del marqués de Rockingham. Burke es considerado el primer ensayista histórico, sobre todo cuando publica en 1790 *Reflexiones sobre la Revolución Francesa*. Se declara enemigo jurado de esa revolución, y también se opone a ciertas leyes inglesas que, finalmente, propician la guerra de independencia de Estados Unidos de América. En 1758 Burke funda el *Anual Register*, que se publica todavía. En 1782 es nombrado intendente del ejército, y como primera medida se rebaja el sueldo. Designado rector de la Universidad de Glasgow, en los últimos años de su vida se aparta de la política, pero sigue activo en el Parlamento, en el que ejerce gran influencia. Entre sus libros se destaca *Consideraciones sobre las causas del descontento actual*, de 1770. Sus obras completas, ocho tomos, se publican póstumamente en 1852. Edmund Burke muere en Beaconsfield el 9 de julio de 1797.

John Burroughs

El popular escritor estadounidense John Burroughs nace en Nueva York el 3 de abril de 1837. Su preparación intelectual es modesta, pero obtiene el título de maestro. Hacia 1857 se destaca como autor en por lo menos tres publicaciones periódicas: *The Bloomville Mirror, Saturday Press* y *Leader*, y muchos de sus escritos son firmados por él con el seudónimo de Philomel y All Souls. Así publica *Caprichos contra espiritualismo, Fragmentos tomados de la mesa de un Epicuro intelectual* y *Algunos de los caminos del poder*. Su primer libro en 1867 es Notas sobre *Walt Whitman como poeta y como persona*, y esa es la primera biografía que se hizo de Whitman, que fue su amigo. Al publicarse, Burroughs trabaja como empleado federal en Washington, D.C., labor que desempeña durante cuatro años, dándoles brillo a sus facultades, buscando su oportunidad de sobresalir. Cuatro años después del libro sobre Whitman, sale publicado *Wake-Robin*, que eventualmente se convertiría en una serie de 23 volúmenes de ensayos, los últimos tres publicados póstumamente. John Burroughs muere el 3 de abril de 1921, a bordo de un tren que había tomado en California.

C

Fernán Caballero

Cecilia Böhl de Faber y Larrea fue una escritora suiza que asumió el seudónimo de Fernán Caballero. Hija del hispanista alemán Nicolás Böhl de Faber, nace el 24 de diciembre de 1796. Tiene una infeliz unión con el capitán español Antonio Planells, de quien enviuda dos años después en Puerto Rico. Vuelve a casarse, esta vez con el marqués de Arco Hermoso, con quien es plenamente feliz, y con quien realiza viajes a Francia. Pero su segundo esposo muere en 1835. Entonces comienza a escribir cuentos y novelas, aunque no lo hace con la idea de publicarlos, ya que no son comunes en aquel tiempo las mujeres escritoras. Se casa de nuevo, ahora con Antonio Arrom de Ayala, dieciocho años menor que ella, quien en 1859 se suicida, y queda viuda por tercera vez.Publica sus obras y las firma como Fernán Caballero. Se dedica a la creación literaria sin descanso, e inicia en España la novela costumbrista. Escribe también colecciones folclóricas. Entre sus obras se destacan *Cuadros de costumbres populares andaluzas, La familia de Alvareda* y *El Alcázar de Sevilla*. Y en esa misma ciudad, Sevilla, muere el 7 de abril de 1877.

INSPIRADORES

José Raúl Capablanca

El genio del ajedrez José Raúl Capablanca nace en La Habana el 18 de noviembre de 1888. Aprende el juego antes de los cinco años de edad, con sólo ver jugar a su padre. A los ocho años ya se enfrenta a jugadores expertos, y a los once años vence a Juan Corzo, el mejor ajedrecista de la capital cubana. Al cumplir 15 años, Capablanca estudia ingeniería en la Universidad de Columbia, Estados Unidos, y asombra su facilidad para el álgebra. Vuelve al ajedrez y obtiene el primer lugar en el Manhattan Chess Club. Hace una gira de juegos simultáneos por Estados Unidos en 1908, y le gana ocho partidos seguidos a Jaime Marshall, campeón estadounidense considerado un maestro internacional. En 1921 reta al Campeón Mundial Manuel Lasken, para jugar en La Habana, y allí le gana todos los partidos. Capablanca deja muchos escritos, entre ellos, "Cartilla de ajedrez", en 1913 y "Mi carrera de ajedrecista" en 1921. Conoce al fin la derrota en 1927 al perder el título de Campeón Mundial frente al ruso Alejandro Alekhine, en Buenos Aires, pero ya su asombrosa historia de ajedrecista había recorrido el mundo. En 1934 se le otorga la Orden Carlos Manuel de Céspedes, y muere en New York el 8 de marzo de 1942.

José Manuel Carbonell

José Manuel Carbonell, casado con América Andricaín de Carbonell, raíz de una familia de patriotas, oradores y escritores, nace en Alquízar, Habana, Cuba el 3 de julio de 1880. Es muy niño cuando su familia se traslada a Tampa, Estados Unidos, donde cursa estudios de primera y segunda enseñanza. Con once años de edad pronuncia un discurso en presencia de José Martí. Más tarde funda y dirige *El Expedicionario* y a los 16 años se incorpora a la Guerra de Independencia. Ya en la república ejerce el periodismo en la revista *Letras*, y se destaca como orador. En 1910 es enviado extraordinario a la Cuarta Conferencia Panamericana en Buenos Aires. Trabaja en la fundación del Ateneo de La Habana y desempeña la Superintendencia General de Escuelas. Colabora con múltiples publicaciones y publica valiosas e interesantes obras, como *Los Poetas del Laúd del Desterrado, Patria, Mi libro de amor, Penachos, Exhalaciones*, y su obra cumbre: *Evolución de la cultura cubana*, 18 volúmenes que van desde 1608 hasta 1927. Rubén Darío lo ve como un "Poeta-Paladín por excelencia". José Manuel Carbonell muere en Miami el 19 de marzo de 1968. Su nieto, Néstor Carbonell Cortina, escribe que de su abuelo "habla Cuba, la tierra de sus sueños, la nación de sus ideales".

Alexis Carrel

El cirujano, fisiólogo, filósofo y escritor francés, Alexis Carrel, nace en Sainte-Foy-les-Lyon el 28 de junio de 1873. Desde 1905 se dedica en Estados Unidos a estudiar los ligamentos vasculares y el injerto de órganos, por lo que recibe el Premio Nobel de Fisiología y Medicina en 1912. Crea una técnica para suturar los vasos sanguíneos y experimenta sobre cultivos de *tejidos in vitro*. Con el aviador Charles Lindbergh construye en 1935 un "corazón mecánico", que permite conservar vivos para su estudio el corazón, el riñón o las glándulas de un animal. Sus investigaciones sobre el cáncer son notables en su tiempo. Regresa a Europa en 1939 y trabaja con el gobierno de la ciudad francesa de Vichy. Lo acusan de colaboracionista con el nazismo, pero él rechaza los cargos. Su obra literaria principal es *La incógnita del hombre*, de 1936, en la que critica la civilización moderna en relación con la moral, y encuentra en el Catolicismo una respuesta a sus dudas. En colaboración con Lindbergh escribe en 1938 *El cultivo de los órganos*. Carrel recibe diversas condecoraciones de Inglaterra, España, Suecia, Francia, Bélgica y Estados Unidos, y al morir en París el 11 de mayo de 1944, posee múltiples doctorados de universidades de Estados Unidos y Europa.

Jorge Carrera Andrade

El poeta y diplomático ecuatoriano, Jorge Carrera Andrade, nace en Quito el 14 de septiembre de 1902. Estudia en la Facultad de Leyes de la Universidad de Quito; Filosofía y Letras en la Universidad de Barcelona, España; y en la Facultad de Filosofía de Aix-en-Provence, Francia. Su primer libro de poemas data de 1922, *Estanque inefable*. Representa a su país como diplomático en Francia, Perú, Estados Unidos, Gran Bretaña y Japón. Otros libros suyos son *Boletines de mar y tierra, Antología poética, Rol de la manzana, La tierra siempre verde, Hombre planetario, País secreto, El camino del sol, Mi vida en poemas, Floresta de los guacamayos, Interpretaciones de Rubén Darío* y traducciones de poesía francesa. En 1933 es secretario del Senado Ecuatoriano y profesor del Instituto Nacional Mejia en Quito. Renuncia a su oficio diplomático en 1946, porque el presidente Velasco Ibarra viola la Constitución. Es elegido senador en 1947, y dirige la Biblioteca Nacional en Quito. Se publican sus poesías completas. Ecuador le concede el premio "Eugenio Espejo" en reconocimiento a su obra literaria. Jorge Carrera Andrade muere en Quito el 7 de noviembre de 1978.

Miguel de Carrión

El novelista cubano Miguel de Carrión y Cárdenas nace en La Habana el 9 de abril de 1875. Estudia la carrera de Medicina pero abandona la práctica médica para dedicarse a la literatura y el periodismo. En sus comienzos se revela como un periodista agudo y polemista que no se exalta, pero que siempre está firme en la defensa de sus criterios. Desde que publica su primera novela, *El milagro*, queda expuesta su tendencia a indagar en el desarrollo psíquico de la mujer. El sexo femenino es el blanco al que se dirigen sus disparos de observador narrativo. Publica después *Las honradas* y *Las impuras*, novelas con puntos de vista opuestos, en las que sigue con la misma tarea de retratar la feminidad. De Carrión dirige la Escuela Normal de Maestros de La Habana y es nombrado académico de la Academia Nacional de Artes y Letras. Su obra incluye diversidad de cuentos, narraciones y no se sabe cuántos artículos periodísticos. Este escritor se destaca también como conferenciante. Miguel de Carrión muere en La Habana, cuando se abre ante él un mundo de posibilidades en el cultivo de las letras, el 31 de julio de 1929.

Luis Casas Romero

El fecundo músico cubano Luis Casas Romero nace en Camagüey el 24 de mayo de 1882. Desde muy niño toca la flauta y a los 14 años es Miembro de Mérito de la Sociedad Popular Santa Cecilia, como parte de su orquesta. En 1895 se suma al Ejército Libertador y es nombrado Corneta de Órdenes, o sea, iba a caballo al frente de la tropa. Al finalizar la Guerra de Independencia trae una herida en la pierna derecha. Incorporado de nuevo a la música, escribe en 1908 "Carmela", la primera *criolla* cubana. En 1912 se estrena su composición mundialmente famosa: "El Mambí", basada en su propia vida: "Allá en el año 95/ a la manigua se alzó el mambí..." El 22 de agosto de 1922, Casas Romero inaugura la radio en Cuba con la emisora 2LC, que da la hora con el cañonazo de las nueve. En 1934 funda la COCO, primera emisora de onda corta, y difunde arte y cultura a través de ella y de la CMCK. Es miembro de número de la Academia Nacional de Artes y Letras y dirige la Banda de Música del Estado Mayor del Ejército, para la que escribe la marcha "Símbolo". Su obra abarca más de 500 partituras y funda la primera fábrica de rollos de pianola que hubo en Cuba. Luis Casas Romero muere en La Habana el 30 de octubre de 1950.

INSPIRADORES

Miguel de Cervantes Saavedra

Nace Miguel de Cervantes Saavedra en Alcalá de Henares, España, un día de 1547. De familia humilde, su educación fue irregular. En 1569 sale hacia Roma, y forma parte de la milicia en la compañía de Diego Urbina. La batalla de Lepanto de 1571 le deja inútil la mano izquierda. En Lombardía, Cerdeña, Cicilia y Nápoles aprende literatura italiana. Intenta regresar a España en 1575, pero piratas turcos lo venden como esclavo, junto a su hermano Rodrigo. Cinco años después sus familiares pagan su rescate. Trabaja para la corte española y se casa en 1584 con Catalina Salazar de Palacios. Publica entonces La Galatea. En 1605 aparece *El Ingenioso Hidalgo Don Quijote de la Mancha*, el loco soñador frente al pragmatismo de su escudero Sancho Panza. Publica las *Novelas ejemplares*, el *Viaje al Parnaso* y *Comedias y entremeses*. Poco antes de morir entrega la segunda parte de *El Quijote*, que supera a la primera, además de *Los trabajos de Persiles y Segismunda*. El llamado Príncipe de los Ingenios muere pobre en Madrid el 23 de abril de 1616, ignorando la gloria de que *El Quijote* sería la novela más importante del idioma castellano.

Carlos Manuel de Céspedes

El Padre de la Patria cubana, Carlos Manuel de Céspedes, nace en Bayamo el 18 de abril de 1819. Aprende latín, y estudia bachillerado en la Universidad de La Habana. Escribe versos ocasionalmente. En 1840 estudia en las universidades de Madrid y Barcelona, y aprende francés e inglés. Apoya al general español Juan Prim y Prats en una conspiración y es desterrado a Francia. Visita Italia, Alemania e Inglaterra. Regresa a Cuba en 1844 y ejerce como abogado. Por su actitud es arrestado varias veces. El 10 de Octubre de 1868, en su ingenio azucarero La Demajagua, en Manzanillo, libera a sus esclavos y encabeza la guerra por la libertad de Cuba, al lanzar el Grito de Yara, población donde sufre su primer fracaso guerrero. Dice entonces que todavía quedan 12 hombres, suficientes para lograr la independencia, y entra victorioso en Bayamo donde lo nombran Capitán General del Ejército Libertador. En la Asamblea de Guáimaro, el 10 de abril de 1869, es elegido Presidente de la República en armas. Su hijo Oscar es hecho prisionero y fusilado, porque Céspedes se niega a negociar su libertad. En 1873 la Cámara de Representantes lo destituye del cargo. Se refugia en San Lorenzo, donde les da clases a los niños, y allí muere a manos de los españoles el 27 de febrero de 1874.

José María Chacón y Calvo

El erudito profesor cubano José María Chacón y Calvo nace en Santa María del Rosario, Habana, el 29 de octubre de 1893. Estudia con los Jesuitas de Belén, y se gradúa de Derecho en 1913 y de Filosofía y Letras en 1915 en la Universidad de La Habana. Secretario de la Embajada de Cuba en España desde 1918, vive muchos años en ese país donde se transforma en un investigador y crítico literario de notable agudeza. Académico de la Academia Nacional de Artes y Letras, y presidente de la Academia Cubana de la Lengua, también preside el Ateneo de La Habana y dirige la Sociedad de Conferencias. Son numerosos los libros de Chacón y Calvo, en los que estudia, entre otros, a Gertrudis Gómez de Avellaneda, Juan Clemente Zenea y José María Heredia. Sus ensayos se dan a conocer en numerosos órganos. Dirige la alta cultura cubana en la Secretaría de Educación y funda la Sociedad del Folklore Cubano. Publica *Orígenes de la poesía en Cuba, Las canciones galaicoportuguesas, Cervantes y el Romancero, Las cien mejores poesías cubanas, Colección de documentos inéditos* y otras muchas obras. José María Chacón y Calvo muere ignorado en La Habana castrista, en noviembre de 1969.

Luis Mario

Charles Chaplin

Este personaje excepcional de la cinematografía mundial, Charles Spencer Chaplin, nace en Londres el 16 de abril de 1889. Huérfano de padre, con una madre loca, empieza su carrera desde los ocho años de edad. Al cumplir 21 años se traslada a EE.UU., donde filma la película silente *Carreras de autos para niños,* en 1914. Desde entonces crea el personaje de Charlot, un vagabundo de zapatos grandes, bombín y bastón. En 1918 la First National le paga un millón de dólares por ocho películas en cinco años. Con otros actores funda en 1919 la United Artists Corporation, y en 1921 viaja exitosamente en una gira mundial. Sus dos últimas películas en EE.UU. son *El gran dictador*, que ridiculiza a Hitler ya en el cine sonoro, y *Monsieur Verdoux*, que marca el fin de Charlot. Películas como *Tiempos modernos*, hacen sospechar que Chaplin es comunista, y ante el rechazo estadounidense, el actor se muda para Suiza. Casado con Oona O'Neill en 1943, su hija, Geraldine Chaplin, sigue su carrera. En Londres, Chaplin filma *Candilejas*, y recibe en EE.UU. el Oscar que le otorga Hollywood en 1972. Chaplin muere en Suiza el 25 de diciembre de 1977. En total filma 79 películas.

Anton Chejov

El novelista, cuentista y dramaturgo ruso, Anton Pavlovich Chejov, nace el 29 de enero de 1860 en Taganrog, Cáucaso y estudia Medicina en la Universidad Estatal de Moscú, carrera que nunca ejerce. En 1886 publica una selección de *Relatos de Motley*, y se estrena en Moscú su obra teatral *Ivanov*. Cuando el Zar expulsa a Máximo Gorki de la Academia rusa, Chejov abandona su sillón como protesta, aunque nunca toma partido político. Escribe *La isla de Sajalín* en 1891 y 1893, porque allí, en la costa de Siberia, había residido enfermo en 1890. Después, Chejov se traslada a Crimea en 1897, y busca salud en diferentes balnearios de Europa para su enfermedad de tuberculosis. Chejov conoce al actor y productor Konstantín Stanislavski, director del Teatro de Arte, de Moscú, quien en 1898 representa con éxito su obra *La gaviota*, que había fracasado anteriormente. Gracias a su amistad con Stanislavski, consigue representar sus mejores dramas, que incluyen *El tío Vania* 1897; *Las tres hermanas*, 1901 y *El jardín de los cerezos*, 1904. En 1901 se casa con la actriz Olga Knipper. Anton Chejov muere en el balneario alemán de Badweiler el 2 de julio de 1904.

Gilbert K. Chesterton

El escritor inglés Gilbert Keith Chesterton nace en Londres el 29 de mayo de 1874. Recibe su educación en St. Paul's School, se interesa por el arte y sus primeras letras se publican en periódicos y revistas. Durante un tiempo sostiene grandes polémicas con Bernard Shaw, Herbert George Wells y Rudyard Kipling, que para muchos es lo mejor de la literatura inglesa de esa época. Inventa un llamado sistema social de "distributismo" y es un fuerte opositor de las ideas socialistas. Funda y dirige la publicación *G. K. C's Weekly*, portavoz de una organización que proclama la restauración de la libertad a través de la distribución de la propiedad, también fundada y presidida por él. En algunas de sus obras expone sus ideas sobre el catolicismo, y se convierte a esa religión en 1922. La originalidad y la hondura de su pensamiento quedan impresas en obras como *La esfera y la cruz, Alarmas y digresiones, El hombre que fue jueves, Las paradojas de Mr. Pond, La vuelta de Don Quijote* y los *Cuentos peculiares del Padre Brown*. Publica su autobiografía *El hombre de la llave de oro* y se destaca en obras críticas, biografías y ensayos, convirtiéndose en un escritor extraordinariamente popular. Gilbert K. Chesterton muere en Londres el 14 de junio de 1936.

Chiang Kai-shek

Este coloso del nacionalismo chino y luchador por la libertad, Chiang Kai-shek, nace en Che-Kiang el 31 de octubre de 1887. Estudia en Japón y se une a los nacionalistas del Koumitang para lograr la proclamación de la República China en 1911. Comanda el Ejército y en 1928 lo nombran Jefe del Gobierno que se establece en Nanking. Tras breve renuncia a sus altos cargos, vuelve al Ejército para enfrentarse a los comunistas. Lo secuestran durante dos semanas y lo convencen para hacer una alianza con los comunistas contra la invasión japonesa. Se convierte en Generalísimo de la guerra de 1937 al 41, derrota a Japón y llega a ser Comandante Supremo. Es elegido presidente provisional del Gobierno chino en 1943, y dos años después ha elevado a China a la categoría de gran potencia. En 1948 es elegido presidente de la República, y ese mismo año los comunistas se apoderan de Manchuria. Con Filipinas y Corea crea el pacto anticomunista del Pacífico, pero al caer Shanghai en manos del dictador rojo Mao Tse-tung, huye hacia Formosa, hoy Taiwán, última bandera nacionalista, donde reasume la presidencia en 1950. Chiang Kai-shek es elegido presidente otras cuatro veces, hasta su muerte en Taipei el 5 de abril de 1975.

Luis Mario

Eduardo Chillida

Eduardo Chillida Juantegui nace el 10 de enero de 1924 en San Sebastián. En 1943 estudia Arquitectura en Madrid, en el Colegio Mayor Jiménez de Cisneros. Recibe clases de dibujo y se inicia en las esculturas. Se casa con Pilar de Belzunce, con quien tiene ocho hijos, y se muda a Francia en 1950. Vuelve a San Sebastián, y crea su primera escultura abstracta en hierro: "Ilarik". En 1954 realiza cuatro puertas de hierro para la nueva basílica de los monjes franciscanos de Aranzazu. La Galería Clan de Madrid lo presenta individualmente, y forma parte de la X Trienale de Milán, donde es premiado. Chillida realiza el monumento a Alexander Fleming en San Sebastián. Expone en Berna, Venecia, Londres, Tokio, Munich, Nueva York, Chicago, Houston y otras muchas ciudades. En 1963 viaja a Grecia y Roma, y se consagra al exponer en la Galería Maeght de París. Da un curso en la Universidad de Harvard, Massachusetts. Sus esculturas están en los lugares más remotos. Recibe innumerables homenajes internacionales, y premios de gran valor, como el Príncipe de Asturias de las Artes en 1987. Eduardo Chillida muere en San Sebastián, el 20 de agosto de 2002.

INSPIRADORES

Federico Chopin

Compositor y pianista polaco, Federico Chopin nació en Varsovia el 22 de febrero de 1810. Fue un niño prodigio. A los 19 años de edad debutó en Viena. Cuando Polonia cayó en poder de los rusos, renunció volver a ella, asumió un compromiso artístico con la libertad al conjuro de sus patrióticas polonesas y mazurcas, y se estableció en París desde 1831. Chopin enriquece la música pianística como nadie lo había hecho anteriormente. Compone mazurcas, estudios, preludios, nocturnos, polonesas, baladas, scherzos, rondós, canciones, sonatas, impromptus y valses, así como dos conciertos para piano y orquesta. Mendelssohn y Liszt lo reconocieron como un genio del piano. Con la excéntrica escritora George Sand, compartió los últimos diez años de su vida. Con ella pasó una temporada en Mallorca, España, a donde fue en busca de salud, pero ya la tuberculosis había minado su cuerpo. Murió en París el 17 de octubre de 1849. Había llevado al exilio una copa de tierra polaca, y sus amigos la derramaron sobre su tumba. Al saber de su muerte, Robert Schumann dijo: "El alma de la música ha pasado por el mundo".

Winston Churchill

El escritor y estadista inglés, Winston Leonardo Spencer Churchill, nace en el palacio de Blenheim, Oxford, el 30 de noviembre de 1874. Estudia en la Academia Militar de Sandhurst, donde llega a ser teniente de lanceros. Se alía a España y participa en la guerra de Cuba, en la India, en el Sudán y en Sudáfrica. Desde el año 1900 es elegido diputado por el Partido Conservador. Como jefe del Almirantazgo desde 1910 renueva la flota británica, con la que detiene a los alemanes en la Primera Guerra Mundial. En los años treinta opta por la Literatura. Cuando estalla la Segunda Guerra Mundial, vuelve a dirigir el Almirantazgo, y al renunciar Joseph Chamberlain en 1940, Churchill lo reemplaza como primer ministro. Bajo los cañones alemanes sólo les ofrece a los británicos "sangre, trabajo, sudor y lágrimas", pero levanta la moral de sus compatriotas, y es uno de los grandes artífices de la victoria aliada. Varios de sus mejores libros son *Memorias sobre la Primera Guerra Mundial, Autobiografía, Historia de los pueblos de habla inglesa, Duque de Marlborough* y *La Segunda Guerra Mundial*. En 1953 se le concede el Premio Nobel de Literatura. Winston Churchill muere en Londres el 24 de enero de 1965.

Salvador Cisneros Betancourt

Nace el patriota cubano Salvador Cisneros Betancourt, Marqués de Santa Lucía, en Puerto Príncipe, Camagüey, el 10 de febrero de 1828. Estudia siete años en Estados Unidos. De nuevo en Camagüey, es elegido alcalde. Forma parte de una Junta Revolucionaria, guarda prisión en el Castillo del Morro y constituye la logia masónica Tinima. Continúa en preparación de la guerra y viaja a La Habana a buscar prosélitos, pero cuando Carlos Manuel de Céspedes comienza la guerra en 1868, él abandona todos sus bienes, libera a sus esclavos y se lanza a la batalla. Es delegado de la Asamblea de Guáimaro, como lo sería también de la de Jimaguayú en 1901, y Presidente de la Cámara de Representantes y de la República en armas. Lucha en muchos combates. Tras firmarse la paz del Zanjón, parte hacia Nueva York. Al estallar en 1895 la Guerra de Independencia preparada por José Martí, Cisneros abandona sus bienes y se une a Máximo Gómez. Lo eligen de nuevo Presidente de la República en Armas, cargo que ocupa hasta el 10 de octubre de 1898. Entonces Salvador Cisneros Betancourt se retira de todas las actividades, hasta el día de su muerte, en La Habana, el 28 de febrero de 1914.

Luis Mario

Georges Clemenceau

Este médico, estadista y escritor francés, Georges Clemenceau, nace en Mouillon-en-Pareds el 28 de septiembre de 1841. Deja la Medicina y se convierte en jefe del Partido Radical de 1876 a 1893; senador desde 1902 y Presidente del Gobierno en dos ocasiones: de 1906 a 1909 y de 1917 a 1920. Por su oratoria torrencial y cáustica lo apodan "El Tigre", y por su liderazgo durante la Primera Guerra Mundial, lo llaman "El Padre de la Victoria". Al terminar la guerra preside en Versalles la Conferencia de la Paz. Lleva a Francia a grandes reformas sociales, y una de ellas es la separación de la Iglesia del Estado. Desde 1880 publica el periódico radical *La Justicia*. En 1892 pierde prosélitos debido a un divorcio escandaloso por el que fue condenado. Ante el sonado caso de Dreyfus, se pone al lado de Emilio Zola, y éste escribe su Yo acuso en el periódico *Le Bloc* de Clemenceau. Vuelve al Senado en 1903. En 1910 viaja como conferenciante a Argentina y otros países iberoamericanos. Entre sus obras se destacan sus memorias sobre la guerra, *Grandeza y miseria de una victoria* y *Claude Monet*. Miembro de la Academia Francesa en 1918, Georges Clemenceau muere en París el 24 de noviembre de 1929.

Carlo Collodi

Carlo Lorenzini, escritor italiano conocido por el seudónimo de Carlo Collodi, nace en Florencia el 24 de noviembre de 1826. En 1848 participa voluntariamente de la batalla de Curtatone y Montanara contra Austria. Se dedica al periodismo humorístico fundando y dirigiendo dos periódicos. Un año después vuelve a la guerra, esta vez por la segunda independencia italiana. Escribe comedias, dramas y describe la vida del país. Desde 1875 se dedica a la literatura infantil y publica libros pedagógicos. Su obra maestra es Pinocho, libro traducido a todas las lenguas conocidas, que trata sobre el muñeco de madera que, auxiliado por el hada de los cabellos color turquesa, encuentra a su padre y se transforma a la vida humana, conviertiéndose en un niño de carne y hueso. Esa historia ha sido la delicia de cientos de generaciones de niños en todo el mundo. Collodi escribe también literatura didáctica, como *Il libro de lecciones para la segunda clase, La Gramática de Giannettino para Italia* y libros educativos como Juanito, pero nada puede igualar, y menos superar, aquella historia ingenua, pero cargada de humanidad de su Pinocho. Carlo Collodi muere en Florencia el 26 de octubre de 1890.

Luis Mario

Cristóbal Colón

Se supone que el gran almirante, descubridor del Nuevo Mundo, Cristóbal Colón, nace en Génova hacia 1436. Con Beatriz Enríquez de Arana tiene un hijo llamado Fernando. Fracasa en su pedido de ayuda a Portugal para encontrar una mejor ruta hacia la India, y son los Reyes Católicos de España, Fernando e Isabel, quienes costean el viaje de las tres carabelas, la Santa María, que es la suya; la Pinta y la Niña. Sale la expedición del puerto de Palos el 3 de agosto de 1492, y después de difícil travesía llega a la isla de Guanahaní, bautizada San Salvador, el 12 de octubre de 1492. El 28 de octubre llega a Cuba, descrita por Colón como Juana, "la tierra más hermosa que ojos humanos han visto". Sigue hacia La Española, hoy República Dominicana, donde pierde su nave Santa María. Regresa a España dejando atrás a 30 hombres que son asesinados por los nativos. Realiza otros tres viajes, desde Cádiz el 25 de septiembre de 1493; desde Sanlúcar de Barrameda el 30 de mayo de 1498, cuando es arrestado por Francisco de Bobadilla, y enviado a España encadenado, y otra vez desde Cádiz el 9 de mayo de 1502. En todos sus viajes descubre nuevas tierras, sin saber que son parte de un continente. Colón regresa a España donde muere, solo y pobre, el 20 ó el 21 de mayo de 1506. Se supone que sus restos reposan en el espléndido Monumento a Colón, en Santo Domingo.

James Cook

El navegante inglés James Cook nace en Marton el 28 de octubre de 1728. De familia pobre se le dificulta estudiar, y se interesa en la astronomía y en las matemáticas. En 1755 se enrola en la armada británica. En 1762 se casa con Isabel Batts. Se le encomienda un viaje de exploración a la isla de Tahití, en el Pacífico, para observar el planeta Venus, en 1768 comanda el gran buque "Endeavour" que parte de Plymouth con un grupo de científicos, y el 3 de junio de 1769 observan y estudian el planeta a cabalidad. Navega alrededor de Nueva Zelanda, descubre varias islas, y se interesa por las costas de Austria, a la que llama Nueva Gales del Sur. Demuestra la separación entre Australia y Nueva Guinea y regresa a Inglaterra en 1771. El prestigio de Cook crece con nuevos descubrimientos y llega a ser Capitán de Navío. Vuelve a salir de Plymouth en 1776, y llega al Pacífico ecuatorial, donde descubre más islas. Se dirige al estrecho de Bering, y es detenido por una barrera de hielo, pero determina el punto más occidental del continente americano. Descubre la isla de Hawaii, y allí pierde la vida durante un incidente con los nativos, el 14 de febrero de 1779. Allí se levanta un obelisco, y el Gobierno inglés les da amparo económico a su esposa e hijos.

Rafael Cordero Molina

El maestro puertorriqueño Rafael Cordero Molina nace en San Juan el 24 de octubre de 1790. Pobre y de la raza negra, le es imposible estudiar a pesar de su vocación pedagógica. Sus padres, Rita Molina y Lucas Cordero lo ayudan autodidácticamente con los libros, y en 1810 abre en su casa una pequeña escuela de enseñanza primaria para niños mestizos y negros. Se convierte en un defensor de los negros esclavos y de la autonomía puertorriqueña. Posteriormente empieza a dar clases gratuitamente a los niños pobres, de cualquier raza, mientras trabaja como zapatero para subsistir. Tanto éxito tienen sus clases, que la población empieza a enviar sus hijos a estudiar a su casa, donde aprenden Lectura, Gramática, Historia, Aritmética, Geografía, Caligrafía y Cristianismo. Por el aula hogareña de Cordero Molina pasan grandes figuras de Puerto Rico, basta mencionar al literato Alejandro Tapia y Rivera. La fama del maestro negro aumenta con los años, y la Sociedad Económica de Amigos del País lo premia con cien pesos, que él reparte entre los pobres. Finalmente, Rafael Cordero Molina recibe una ayuda del Gobierno de 15 pesos mensuales, buena suma en su época, y muere en San Juan el 5 de julio de 1868.

José Daniel Crespo

El educador panameño José Daniel Crespo nace en Pesé, el 2 de agosto de 1890. Obtiene el título de maestro en la ciudad de Panamá, y después de ejercer el magisterio durante tres años, viaja a Estados Unidos e Inglaterra, donde completa su educación como Bachiller en Ciencias, Supervisor en Educación y Doctor en Filosofía. Todo lo aprendido lo pone al servicio de su patria, donde ejerce la cátedra de Pedagogía en el Instituto Nacional, la de Inspector General de Enseñanza y Ministro de Educación. Gracias a sus esfuerzos, se aprueba la Ley 47 de 1946, que es la Ley Orgánica de Educación, y consigue el establecimiento del escalafón del magisterio basado en créditos y experiencias. Crespo llega a ser Diputado a la Asamblea Nacional, Embajador y Jefe de Misiones Diplomáticas. Entre los muchos libros que publica se destacan *Geografía de Panamá, Lector panamericano, Fundamentos de la nueva educación, La moneda panameña* y *Nuevo Tratado del Canal, sugerencias y problemas económicos de Panamá*. Este gran educador establece en Panamá la Semana del Libro, y amplía el desarrollo de las bibliotecas públicas. Después de haber entregado su vida a la educación, José Daniel Crespo muere el 7 de julio de 1958.

Celia Cruz

La Guarachera de Cuba y Reina de la Salsa nace en La Habana el 21 de octubre de 1926. Su primera labor es la de maestra, pero estudia Música en el Conservatorio de La Habana, y en 1950 se une a la orquesta La Sonora Matancera. Viaja a México el 15 de julio de 1960, y desde 1961 se traslada a Estados Unidos. Primera mujer hispana en el Carnegie Hall. En 1962 el gobierno comunista no le permite asistir al entierro de su madre. Se casa con el trompetista de la orquesta, Pedro Knight, el 14 de julio de 1962, y él se dedica totalmente a la carrera de ella. Se incorpora a la orquesta de Tito Puente en 1966 y es contratada por la agencia disquera *Vaya*. Se une a Larry Harlow. Actúa en Europa y América Latina, así como en *Salsa, The Mambo Kings* y otras 8 películas, y en la novela *Valentina*, con Verónica Castro. Canta con diversas bandas musicales con su grito de "¡Azúcar!", y en 1989 gana el *Grammy*, después de 15 nominaciones. Tres universidades estadounidenses le otorgan el doctorado Honoris Causa y el presidente Bill Clinton le entrega el *National Endowement for the Arts* en 1994. Recibe honores de todo el mundo. Su nombre está en el Paseo de la Fama de Hollywood y en la Calle 8 de Miami. Graba más de 70 discos. Pedro Knight y su administrador Omer Pardillo crean la humanitaria Fundación Celia Cruz. Muere el 16 de julio de 2003, y su sepelio es una inmensa, impresionante manifestación de duelo repartido entre Nueva York y Miami.

Sor Juana Inés de la Cruz

Juana de Asbaje y Ramírez, la Décima Musa o el Fénix de México, Sor Juana Inés de la Cruz, nace en San Miguel de Nepantl, posiblemente el 12 de noviembre de 1651. Desde los ocho años estudia latín. Ingresa en la orden del Carmelo, y empieza a profesar en el convento de San Jerónimo en 1669. Sus dos libros de poesías publicados en vida son *Inundación castálida,* 1689, y el *Segundo tomo*, 1692. Monja jerónima desde 1669, su obra es un monumento al barroco en lengua española, y por sus reflexiones se anticipa al Siglo XVIII. Se hace famosa en la corte virreinal, pero choca con las costumbres de su época, que no admiten una mujer intelectual, y se retira a una vida ascética. Defiende la femineidad con sus redondillas "Hombres necios que acusáis..." Entra en conflicto con Manuel Fernández de Santa Cruz, el Obispo de Puebla, y escribe la *Carta atenagórica* y la *Respuesta a sor Filotea de la Cruz,* que realmente van dirigidas al propio obispo. Vende su biblioteca de cuatro mil libros a favor de los pobres. Escribe autos sacramentales y comedias que se publican póstumamente en 1700. Sor Juana Inés de la Cruz muere en Ciudad de México el 17 de abril de 1691.

Luis Mario

María Curie

Esta científica francesa de origen polaco, María Sklodowska, conocida como María Curie desde su boda en 1895 con el célebre profesor de Física Pierre Curie, nace en Varsovia el 7 de noviembre de 1867. Tras estudiar en su país, se traslada a Francia y obtiene en la Sorbona el título de Licenciada en Ciencias Físicas y Matemáticas, y después logra un doctorado, especializándose en substancias radioactivas. Funda el Instituto del Radium. Ya casada con Pierre Curie, colabora entusiastamente con él, y ambos obtienen el Premio Nobel de Física en 1903, compartido con Henri Becquerel. Cuando Pierre Curie perece arrollado por un camión el 19 de abril de 1906, ella sigue dedicada a las investigaciones científicas de ambos, y pasa a ejercer la cátedra de su esposo en la Sorbona. Se convierte entonces en la primera mujer dedicada a la enseñanza superior francesa. En 1911 vuelve a recibir el Premio Nobel, esta vez de Química. Había descubierto los elementos radioactivos radio y polonio. Pero una gran cantidad de radiaciones acumuladas en la médula ósea, producto de sus investigaciones, acaba con la vida de esta extraordinaria mujer, el 4 de julio de 1934, en el Sanatorio de Sancelleinoz, Alta Saboya, Francia. Sus restos reposan en el Panteón de París.

D

Luis Mario

Rubén Darío

Félix Rubén García Sarmiento nace el 18 de enero de 1867 en Metapa, Nicaragua. Posteriormente asume el nombre literario de Rubén Darío. Desde 1884 trabaja en la Biblioteca Nacional en Managua. En 1888 vive en Chile, y en Valparaíso publica *Azul...*, primera clarinada del Modernismo hispanoamericano. Viajero sin tregua, recorre América Latina, Estados Unidos y Europa. Otros dos libros capitales del movimiento poético independentista dariano, en relación con España, son *Prosas profanas* en 1896 y *Cantos de vida y esperanza* en 1905. Ejerce como secretario de la Presidencia de su patria, es cónsul de Nicaragua en París y cónsul general de Colombia en Buenos Aires. Colabora con innumerables órganos informativos y literarios, y dirige varios de ellos. Sus crónicas para el periódico argentino *La Nación*, siguen siendo una rica fuente del saber humano. Cultiva la amistad de los grandes escritores de su época. Creador del Modernismo, Desde Fray Luis de León, Quevedo, Lope y Góngora, no había ocurrido un cambio estético de tanta importancia en la poesía castellana. Recibe muchos y altos honores, pero acaso los mayores fueron póstumos, al morir en León, Nicaragua, el 6 de febrero de 1916.

INSPIRADORES

Honorato Daumier

El pintor, caricaturista, litógrafo y escultor francés, Honorato Daumier, nace en Marsella el 26 de febrero de 1808. Trabaja en un tribunal judicial en París y en una librería, pero estudia dibujo y pintura y sigue una carrera publicitaria. Colabora con la publicación humorística Le Caricature, y cumple seis meses de prisión en 1832, por pintar al rey Luis Felipe I de Orleáns como el personaje Gargantúa, de Francois Rabelais. Satiriza con sus litografías a la sociedad francesa de su época, con obras de fuerte sabor social, y colabora durante 35 años, ilustrando con láminas las páginas de Chalivari, un periódico satírico fundado en 1832 por el caricaturista Charles Philipon. En las postrimerías de su vida, en 1878, Daumier queda ciego y sin recursos, y sus amigos organizan una exposición de sus obras para ayudarlo, pero hay más pérdidas que ganancias. Sin embargo, después de muerto, sus trabajos adquirieron gran valor, como el "Don Quijote y Sancho", que fue vendido en 30,200 francos en 1912. Sus cuadros adornan importantes museos mundiales, incluyendo el Louvre. Honorato Daumier muere en Valmondois, Francia, el 10 de febrero de 1879, y en 1907 se coloca un monumento conmemorativo en su honor, en la Plaza de Valmondois.

Charles De Gaulle

El militar, político y estadista francés, Charles André Marie Joseph de Gaulle, nace en Lille el 22 de noviembre de 1890. Estudia en la Escuela de Saint Cyr, de la que más tarde es profesor, y se gradúa de subteniente en 1912. Batalla en la Primera Guerra Mundial con el grado de capitán y es herido y apresado. Pertenece al Gabinete del general Philippe Pétain en 1925 y es vicepresidente del Consejo Superior de Guerra. En mayo de 1940 es General de Brigada. Como subsecretario de Estado en el ministerio de Defensa, se opone a firmar el armisticio de su Gobierno, y desde Londres se torna en el alma de la Resistencia. Después del desembarco en Normandía, entra en París con los Aliados y asume el gobierno provisional en 1945, pero renuncia al año siguiente y forma el Partido Reunión del Pueblo Francés. Después de la crisis en Argelia, propone una nueva Constitución, aprobada en 1958, y surge la Quinta República Francesa. Entre sus libros sobresale *Memorias de guerra*, en tres tomos. Elegido presidente en 1959, y reelegido en 1966, viaja por toda Sudamérica y dimite en 1969. Charles De Gaulle muere en Colombey-les-Deux-Eglises el 9 de noviembre de 1970.

Rafael Díaz Hanscom

El mártir estadounidense de origen cubano, Rafael Díaz Hanscom, nace en Nueva York el 9 de agosto de 1931. Se gradúa de Ingeniero Mecánico en la Universidad de Gainesville, Florida y establece en Cuba la empresa *Persianas Manufacturing*. Se casa con Berta Cancio el 4 de diciembre de 1959, y tiene una hija. En 1960 se une al Movimiento de Recuperación Revolucionaria en lucha anticomunista. Logra la unión de 23 organizaciones con el nombre de Unidad Revolucionaria, y sale hacia Estados Unidos a pedir ayuda. Realiza peligrosas misiones y consigue infiltrar armas y hombres en Cuba. El 13 de febrero de 1961, acompañado por Humberto Sorí Marín, regresa clandestinamente a la Isla en el barco "Tejana", propiedad de Alberto Fernández. En una reunión de combatientes por la libertad, el 18 de marzo de 1961, Díaz Hanscom es detenido con los demás. El juicio se celebra el 19 de abril, y esa misma noche mueren fusilados Rogelio González Corzo, Manuel Puig Miyar, Gaspar Domingo Trueba, Eufemio Fernández Ortega, Nemesio Navarrete, Humberto Sorí Marín y Rafael Díaz Hanscom, quien ante sus verdugos grita: "¡Viva Cuba libre! ¡Viva Cristo Rey!"

Luis Mario

Emily Dickinson

Esta inmensa poetisa estadounidense, Emily Dickinson, nace en Amherst, Massachussets, el 10 de diciembre de 1830. La inicia en la Poesía Benjamín Newton, y ella mantiene correspondencia durante toda su vida con el crítico literario Thomas Wentworth Higgmson, quien elogia sus primeros poemas. Edward Dickinson, su padre, ejerce sobre Emily gran influencia puritana, y aunque ella es de carácter fuerte, su vida se reduce a los trabajos domésticos. Así vive en completo aislamiento, pero va llenando gavetas de poemas, que suman alrededor de dos mil, y apuntes sobre diversos temas, con incursiones en la Metafísica. A los 30 años de edad está totalmente apartada del mundo, y solamente cinco poemas suyos son publicados durante su vida, para colmo, anónimamente. Ama a dos hombres, pero platónicamente: el Reverendo Charles Wadsworth primero y un amigo de su padre, Otis P. Lord, después. La muerte le llega el 16 de mayo de 1886 en Nueva Inglaterra. La primera selección de sus poemas se publica cuatro años después de su muerte, y Emily Dickinson es reconocida como uno de los principales poetas del Siglo XIX en Estados Unidos. Su sobrina Martha Dickinson Bianchi publicó en 1924 *La vida y las cartas de Emily Dickinson.*

Rudolf Diesel

Hijo de padres alemanes, cuya nacionalidad conserva, Rudolf Diesel nace en París el 18 de marzo de 1858. Este ingeniero mecánico inventa en 1893 el motor de combustión interna, alimentado por petróleo, que adoptó su nombre mundial de "Motores Diesel". Ese primer modelo es ensayado, pero Diesel comprende que es necesario hacerle mejoras, y trabaja intensamente hasta que en 1897 su invento entra de lleno en las necesidades del desarrollo mundial, sustituyendo a las máquinas de vapor que estaban al uso. Diesel patenta su invento en el mismo año en que lo termina por primera vez, o sea, en 1893. También ese mismo año publica un folleto que titula *Teoría y construcción de un motor térmico nacional*, libro didáctico que muestra los principios del motor de combustión interna. Al principio los motores Diesel comienzan a usarse en los submarinos, y su descripción está basada en la utilización de la fuerza expansiva de la combustión del petróleo, que se provoca mediante la mezcla de éste con aire calentado a temperaturas altas por combustión. La desaparición de Rudolf Diesel, un tanto misteriosa, llega cuando toma un buque de Amberes a Inglaterra durante la noche del 29 al 30 de septiembre de 1913. Se supone que murió ahogado, pero algunos historiadores afirman que se suicidó lanzándose al mar.

Luis Mario

Walt Disney

El genio del entretenimiento cinematográfico, Walt Disney, cuyo nombre es Walter Elías Disney, nace en Chicago, 1llinois, el 5 de diciembre de 1901. Reparte periódicos desde niño y estudia en la escuela de Bellas Artes. Durante la Primera Guerra Mundial sirve a la Cruz Roja en Europa, después se dedica a la publicidad en su país. Trabaja para Kansas City Film Ad Service creando dibujos animados. En 1922 abre el negocio propio Laugh-O-Gram Corporation con su hermano Roy, y al año siguiente funda en Hollywood los Estudios Disney. Crea personajes para distraer a los niños, como el conejo Osvaldo, el ratón Miguelito, el pato Donald, el perro Pluto, el elefante Dumbo... El primer largometraje del cine de dibujos animados es "Blanca Nieves y los Sietes Enanitos", que gana un Oscar Honorífico en 1939. Además de decenas de filmes con actores reales, produce "Pinocho", "Fantasía", "Bambi", "La Cenicienta", "Alicia en el país de las maravillas" y más recientemente "La bella y la bestia", "El Rey León", "La Sirenita", "Pocahontas", etc. En 1955 abre el parque Disneylandia en los Ángeles, y más tarde abre otros en la Florida y el gran Eurodisney en Francia. Walt Disney muere en Hollywood el 15 de diciembre de 1966.

Benjamín Disraeli

El estadista y literato inglés, Benjamín Disraeli, conde de Beaconsfield, nace en Londres el 21 de diciembre de 1804. De familia judía, se convierte al cristianismo en 1817. Fracasa como corredor de bolsa, y para pagar deudas se dedica a la literatura. Su primera novela, *Vivien Grey*, se publica con éxito en 1826. Tras un viaje mundial que empieza en España en 1830, decide dedicarse a la política. Su filosofía monárquica y conservadora se evidencia por sus cartas al *London Times*. Después de ascender al trono la reina Victoria, gana Disraeli un asiento en la Cámara de los Comunes, donde no le va bien al principio, pero donde acaba ganando gran prestigio. Entre otras obras publica *Reivindicación de la Constitución británica y las novelas Lotario, El joven Duque y Henrietta Temple*. Benjamín Disraeli es nombrado canciller de la Tesorería, y entre 1874 y 1880 asume el cargo de Primer Ministro. En 1876 forma parte de la Cámara de los Lores. La política lo aparta de la literatura. Logra para su país el Canal de Suez y la isla de Chipre, y consigue que la reina Victoria sea proclamada Emperatriz de la India. Disraeli es el primero en la organización del imperio británico, y muere en Londres el 19 de abril de 1881.

Arturo Doreste

El poeta cubano Arturo Doreste nace en Isabela de Sagua el 28 de octubre de 1895. Por su excelente labor poética es premiado en múltiples ocasiones, y entre los galardones que obtiene, uno de los más importantes lo recibe en 1942, al otorgársele el primer premio del concurso del Ministerio de Defensa Nacional, por su libro Toque de clarín. En aquella ocasión los miembros del jurado son los poetas Regino Pedroso, Mariano Brull y Andrés de Piedra Bueno. Doreste ejerce el periodismo, y es un destacado académico de la Academia Cubana de la Lengua, correspondiente de la Real Academia Española. La poesía de Doreste es limpia y serena, y es el soneto la forma que le arranca sus mayores logros líricos. Uno de sus temas favoritos es el mar. Sus libros publicados son *Mis sueños y mis rosas, Toque de clarín, Pueblo natal, Canto a Oriente, Litoral, Los últimos instantes de Martí, Canción repetida* y *Vieja ciudad*. Este poeta nunca sale de Cuba, y su soneto titulado "Solo" es su más triste queja por vivir en una patria sin libertad. Arturo Doreste muere en Santiago de las Vegas, provincia Habana, el 6 de enero de 1985.

INSPIRADORES

Fiódor Dostoievski

Uno de los genios de la literatura rusa, Fiódor Dostoievski, nace en Moscú en 1821. Se apoya en la comprensión de su madre, porque su padre es un hombre cruel, que es asesinado en 1839. Hace traducciones y publica *Pobres gentes*, en 1846, novela que le da una fama pasajera. Por identificarse con grupos sediciosos, es condenado a muerte en 1849, pero lo indultan en los últimos instantes. Dostoievski es enviado a un regimiento en Siberia y se casa con María Dimítrievna Isáieva, que muere tiempo después. Viviendo en San Petersburgo, y al publicar *Recuerdos de la casa de los muertos* en 1861, y *Memorias del subsuelo* en 1864, recupera la fama perdida. Escribe muchas obras, pero la consagración total le llega con *Crimen y Castigo*, en 1866. Se casa con Ana Grigorievna y viaja por Europa, acosado por las deudas, y regresa tras publicar en el extranjero *El idiota*, en 1868 y *Los endemoniados*, en 1870. Otras obras son *El eterno marino, Los poseídos, Humillados y ofendidos* y *El jugador*. Colabora con distintos medios y surge el *Diario de un escritor*, que proclama la fe en su patria y en Dios, y en 1880 publica la que, para él, es su mejor novela: *Los hermanos Karamazov*. Fiódor Dostoievski muere en San Petersburgo el 9 de febrero de 1881.

Arthur Conan Doyle

El novelista inglés Arthur Conan Doyle nace en Edimburgo en 1859. Ejerce la Medicina en Postsmouth, y allí mismo publica, en 1882, *Estudio en escarlata*, con el detective Sherlock Holmes y su amigo, el doctor Watson. Doyle sigue siendo médico y escritor, y se hace notorio su éxito con innumerables novelas policíacas e históricas, como *Micah Clarke* en 1890. En 1892 publica una antología de aventuras de Shelock Holmes, que a su vez da a conocer la revista *Strand*. Escribe una historia del Sudán egipcio en 1898, y sirve como médico en el hospital de Lagman Field durante la guerra de los boers. Su único libro de poemas es *Songs of Action*, otros son *La gran guerra de boer* y *Causa y conducta de la guerra*, para defender a su país en Sudáfrica. Pero hace que muera su gran ídolo en uno de sus libros, y tiene que resucitarlo en 1905, por demanda popular, con la novela *El regreso de Sherlock Holmes*. En 1906 escribe *Sir Nigel*, que se considera una obra maestra. Espiritista convencido, publica también *Historia del espiritismo*, y se enrola como soldado en la Primera Guerra Mundial, en la que pierde a su único hijo. Sir Arthur Conan Doyle muere en Windlesham, el 7 de julio de 1930.

Inspiradores

Juan Pablo Duarte

El prócer de República Dominicana, Juan Pablo Duarte, nació en Santo Domingo el 26 de enero de 1813. Recibió su extraordinaria preparación académica tanto en su país como en España, y enfrentó la ocupación haitiana al fundar con nueve miembros, el 16 de julio de 1838, una sociedad secreta llamada "La Trinitaria". Nombrado jefe de ese movimiento, sufre persecuciones y tiene que huir al extranjero. Al proclamarse la Independencia y quedar constituida la República el 27 de febrero de 1844, Duarte regresa a su país, pero es injustamente desterrado ese mismo año. En 1861, cuando se produce la guerra de la Restauración, causada por el presidente Pedro Santana que quiere devolverle la isla a España, Duarte vuelve a su patria, pero una vez más se ve obligado a alejarse. Vive en Venezuela austeramente, como un santo, herido más por las preocupaciones patrióticas que por su gran pobreza. La muerte lo sorprende el 15 de julio de 1876, cuando vivía en la misma calle de Caracas donde nació Bolívar. Joaquín Balaguer bautizó a Duarte como "El Cristo de la Libertad".

Luis Mario

Alexander Dubcek

El político y estadista de la otrora Checoslovaquia, Alexander Dubcek, nace en Uhrovec, Eslovaquia, el 27 de noviembre de 1921. Pasa unos primeros años en la Unión Soviética, regresa a su patria y se afilia clandestinamente en el Partido Comunista en 1939. Forma parte del levantamiento contra los nazis, y se gradúa de la Escuela Política comunista soviética en 1958. Diez años después lo designan Primer Secretario del Partido, ya en el poder desde finales de la Segunda Guerra Mundial. A pesar de su preparación comunista, Dubcek se rebela al totalitarismo y empieza un programa de liberalización llamado "La Primavera de Praga", que choca con los intereses imperialistas de Moscú. Es imposible un socialismo con rostro humano, porque dejaría de ser socialismo y triunfaría la libertad. Por eso las fuerzas del Pacto de Varsovia ocupan Checoslovaquia el 20 de agosto de 1968, ahogan los avances democráticos, y Dubcek es degradado y expulsado del partido en 1970. En diciembre en 1989, Alexander Dubcek resurge ante la "Revolución de Terciopelo", caída comunista mundial, y es elegido presidente de la Asamblea Federal, hasta su muerte, el 7 de noviembre de 1992.

Isadora Duncan

Nacida en San Francisco, California, el 27 de mayo de 1878, la bailarina Isadora Duncan, mujer de gran belleza, crea un nuevo estilo de danza que es una evocación de la antigua Grecia. Es la primera en bailar descalza, y se destaca extraordinariamente en la interpretación de "La muerte de Isolda", "Sinfonía heroica", "Poema del éxtasis", "Muerte de Adonis" y "Marcha fúnebre". Establece escuelas en Berlín en 1904; en París en 1914 y en Moscú en 1921. Es madre soltera. De un diseñador británico tiene una hija y de un cantante francés, un hijo, pero ambos niños mueren en un accidente automovilístico en 1913. En 1922 se casa con el poeta ruso Sergei Esein, pero el matrimonio se rompe poco después. La señora Duncan vive en la pobreza durante varios años, hasta que vuelve a bailar en París, en una presentación llena de dramatismo. Muere poco después, como sus hijos, víctima de un accidente de autos en Niza, el 14 de septiembre de 1927. Un año antes había publicado su autobiografía que tituló *My Life (Mi vida)*.

E

Abba Eban

El diplomático israelí, Abba Eban, nace en Sudáfrica el 2 de febrero de 1915. Vive en Inglaterra de joven y se gradúa con honores en la Universidad de Cambridge. A los 31 años es nombrado Embajador ante Naciones Unidas, y el 29 de noviembre de 1947, gracias a sus esfuerzos, se aprueba la división de Palestina en dos para crear el Estado judío. Es el primero en abogar por un Estado palestino. David Ben Gurión, el primer jefe de Estado israelí, dice que Eban es la voz de la nación hebrea. Nombrado Embajador en Estados Unidos, sirve de 1949 a 1959. Más tarde es ministro de Educación de Israel, de 1961 a 1963; viceprimer ministro de 1963 a 1966 y de Relaciones Exteriores de 1966 a 1974. Con su gran oratoria alega que Israel tiene derecho a Cisjordania, la Franja de Gaza, el desierto de Sinaí y la meseta de Golán, ocupados en la guerra de 1967, pero como pacifista, piensa que Israel debe negociar la paz devolviendo las tierras ocupadas. Eban recibe la máxima condecoración, el Premio Israel, en el 2001. Abba Eban, hombre que habla diez idiomas, tiene dos hijos con su esposa Suzy, y muere en la ciudad de Petak Tikva, cerca de Tel Aviv, el 17 de noviembre de 2002.

Inspiradores

Aquileo
J. Echeverría

El poeta Aquileo J. Echeverría nace en San José, Costa Rica, el 22 de mayo de 1866. Estudia en el Instituto Nacional pero no puede terminar debido a su pobreza. Forma parte de la expedición militar contra el presidente guatemalteco Justo Rufino Barrios. Presta servicios al gobierno de Nicaragua y regresa a su país donde ejerce el periodismo. Usa los seudónimos de Bocaccio, Dixie y El Duende Rojo, entre otros. Es agregado de la Embajada de Costa Rica en Washington, y colabora en el periódico *La Unión*, junto a Rubén Darío, quien lo proclama Poeta Nacional de Costa Rica. De nuevo en su país, reside en la ciudad de Heredia donde se hace cargo de la Biblioteca Pública y donde se relaciona con el habla campesina. Su libro *Concherías*, de 1905, representa un rescate de las expresiones populares, como había hecho 33 años antes José Hernández con su *Martín Fierro*. Entre sus libros se destacan *Romances*, 1903; *Poesías, concherías y epigramas*, 1908; y la quinta edición de Concherías se debe a la Editorial Costa Rica, en 1982. Víctima de una seria enfermedad, su país lo envía a España en busca de una cura para sus males, y muere en la Casa de Salud de Barcelona el 11 de marzo de 1909. El 29 de octubre de 1953, la Asamblea Legislativa nombra a Aquileo J. Echeverría Benemérito de las Letras Patrias.

Luis Mario

Esteban Echeverría

El poeta argentino del romanticismo hispanoamericano, Esteban Echeverría, nace en Buenos Aires el 2 de septiembre de 1805. Realiza estudios universitarios y en 1825 se muda a Francia donde continúa preparándose en filosofía, sociología y economía. Regresa a su país en 1830 y publica versos y prosas en la prensa. En 1832 publica su poema "Elvira, o la novia del Plata", considerada por Pedro Henríquez Ureña como la primera manifestación romántica del castellano, anticipándose un año al "Moro Expósito", del Duque de Rivas. En 1834 publica *Consuelos*; y en 1837 *Rimas* y *La Cautiva*; primeros grandes éxitos editoriales con la descripción de la pampa y su gente. Echeverría funda la "Joven Generación Argentina" en 1838. Debido al dictador Juan M. de Rosas es desterrado a Uruguay, y en Montevideo crea la "Asociación de Mayo".Publica *Guitarra* en 1842, y en 1846, *Manual de Enseñanza Moral para las Escuelas Primarias del Estado Oriental*. La sociedad uruguaya lo aprecia como poeta y la Universidad de Montevideo lo honra. Echeverría muere en la capital uruguaya el 19 de enero de 1851, y en el Parque Tres de Febrero se erige una estatua suya.

INSPIRADORES

Tomás Alva Edison

Este extraordinario inventor estadounidense, Tomás Alva Edison, nace en Milan, Ohio, el 11 de febrero de 1847. Totalmente autodidacto, sólo asiste a la escuela durante tres meses. Desde muy niño se gana la vida escribiendo, editando e imprimiendo un periódico semanal en el vagón de un tren, donde había improvisado una oficina, y él mismo vende su producto literario. Aprende la telegrafía, que posteriormente gozaría de perfección gracias a él, pero sus mayores éxitos los obtiene mediante la inventiva. En 1868 labora en Nueva York y logra el avance de la transmisión eléctrica. En 1876 tiene un laboratorio en New Jersey en el que trabaja sin tregua. Sus inventos más notorios son la lámpara incandescente, el fonógrafo y el cinematógrafo, o sea, la luz eléctrica, los sonidos grabados y el cine. A él se debe la creación eléctrica trifásica con corriente alterna, tan útil para los motores de gran caballaje. Ya para entonces lo llaman "el mago de la electricidad". También crea la dinamo movida por la fuerza del vapor, y con sus adelantos científicos hace posible la televisión y el radar. Llega a patentar 1097 inventos, y publica un libro: *Mi filosofía de la vida es el trabajo*. Así fue, sin duda. Edison muere en West Orange el 18 de octubre de 1931.

Eduardo VIII

Con el nombre completo de Edward Albert Christian George Andrew Patrick David, el futuro rey de Inglaterra e Irlanda, Eduardo VIII, nace el 23 de junio de 1894. Durante la Primera Guerra mundial sirve en oficinas de Francia, Egipto e Italia. A nombre de su país visita a Canadá, Estados Unidos, Australia, India, Sudáfrica y Sudamérica. Su padre, Jorge V, muere el 20 de enero de 1936, y él es coronado rey al día siguiente. Hombre moderno, el nuevo monarca es mal visto por los gobernantes de otros países, y las críticas contra la Iglesia y el Gobierno británico suben de tono. Pero el Rey no está dispuesto a renunciar al amor, y a los diez meses y veinte días de ser coronado, prefiere abdicar el trono en su hermano Jorge, Duque de York, el 10 de diciembre del mismo año. Se casa con la mujer que ama, la estadounidense Wallis Simpson, mujer que ya había estado casada. Comienza el reinado de Jorge VI, y Eduardo VIII es nombrado Duque de Windsor, además de Gobernador de las Bahamas, cargo que desempeña hasta 1945. En 1951 publica sus memorias en el libro *Historia de un rey*. Reside muchos años en Francia, y muere en París en 1972.

Alexandre Gustave Eiffel

El ingeniero francés Alexandre Gustave Eiffel nace en Dijon en 1832. Recibe su preparación en la Escuela Central de Artes y Oficios de París. Genio de la ingeniería, entre sus muchas obras están el puente sobre el río Nive en Sayona, el puente metálico de Burdeos, los viaductos de Sinole, Vianna en Portugal, y el puente de hierro sobre el río Duero en la ruta de Madrid a Cáceres. Eiffel es el autor también del pabellón de la ciudad de París para la Exposición Universal de 1878, la cúpula giratoria del observatorio de Niza, amén de haber diseñado la Estatua de la Libertad, que Francia le dona a Estados Unidos. Desde 1887, Eiffel empieza a construir la famosa torre bautizada con su nombre, sobre una margen del río Sena en París, con motivo de la Exposición Universal. La Torre Eiffel tiene 300 metros de altura, pesa unas 6,900 toneladas y es la mayor atracción turística francesa. Al establecerse en 1912 el laboratorio aerodinámico de Auteuil, Eiffel dirige vuelos experimentales, logra notables adelantos en ingeniería mecánica, y recibe innumerables premios internacionales. Alexandre Gustave Eiffel muere en París el 28 de diciembre de 1923.

Albert Einstein

Este físico alemán nacionalizado estadounidense, nace en Ulm Württemberg el 14 de marzo de 1879. Estudia en las universidades de Zurich (de la que es profesor), Praga y Berlín. Por su ascendencia judía tiene que huir del nazismo, y se traslada a Estados Unidos, cuya nacionalidad obtiene en 1940. Su mayor logro data de 1905, cuando descubre la relación entre masa, energía y velocidad de la luz. Esa llamada "ecuación del Siglo XX", es la que conduce a la energía atómica. Su "Teoría general de la relatividad" de 1916, la aplica a la cosmología y con sus estudios promueve la física nuclear. En 1921 se le otorga el Premio Nobel de Física, cuyo importe económico lo ofrece para obras de caridad, y es honrado con múltiples premios internacionales. Publica *El significado de la relatividad* en 1922, y *La física, aventura del pensamiento* en 1935, éste libro en colaboración con Leopold Infeld. A pesar de la frialdad de sus estudios, Einstein es un genio humanístico, que le escribe una carta al presidente de Estados Unidos, Franklin Delano Roosevelt, preocupado por sus descubrimientos conducentes a la bomba atómica. Albert Einstein rechaza la presidencia de Israel, y muere en Princeton, New Jersey, el 18 de abril de 1955.

Dwight D. Einsenhower

Nace Dwight D. Eisenhower en Texas el 14 de octubre de 1890. Sirve en la Primera Guerra Mundial como subteniente en 1915. Desde 1928 presta servicio en el Estado Mayor. Aviador desde 1938, lo ascienden a General de Brigada en 1941. Ya en la Segunda Guerra Mundial, en junio de 1942, lo envían a Gran Bretaña para comandar las fuerzas expedicionarias de su país. En Marruecos dirige el desembarco, conquista Sicilia en 1943 y lo ascenden a Comandante Supremo de las Fuerzas Aliadas. Conocido popularmente como Ike, dirige el desembarco en Normandía, Francia, el Día D, 6 de junio de 1944. Bajo su mando, los Aliados avanzan sobre Alemania y logran su rendición el 7 de mayo de 1945, entonces se convirte en Jefe de las Fuerzas de Ocupación. Eisenhower preside la Universidad de Columbia y obtiene la jefatura de la Organización del Tratado del Atlántico Norte (OTAN). Es elegido Presidente de Estados Unidos, de 1953 a 1957, y pone fin a la guerra de Corea. Reelegido presidente, sirve a la nación otros cuatro años, hasta 1961. Lo nombran Presidente de la Junta Asesora de la Enciclopedia de Estados Unidos, y se publican sus memorias sobre la guerra y la presidencia de su país. Eisenhower muere en Washington el 28 de marzo de 1969, tras haber pasado sus últimos años en su finca de Gettysburg.

Juan Sebastián de Elcano

Hacia 1476 nace en Guipúzcoa, España, Juan Sebastián de Elcano. Como maestre de la nao "Concepción", acompaña a Fernando de Magallanes con más de 200 hombres, en el viaje del descubrimiento del estrecho de Magallanes, en octubre de 1519. Tras dos asesinatos: el de Magallanes en la futura Filipinas, y el de Duarte de Mendoza por los moros de Cebú, asume el mando y en la nao "Victoria", toma la ruta del cabo de Buena Esperanza, cargado de especias de las Molucas. Desde la isla de Santiago, de Cabo Verde, los portugueses tratan de atrapar a Elcano, pero él escapa a toda vela, y regresa a España el 7 de septiembre de 1522, con sólo 19 hombres. Había navegado unos 79,500 kilómetros y había demostrado la redondez de la tierra. Tres años después, bajo la orden real de Carlos I, sale de la Coruña como segundo jefe de 7 navíos y 450 hombres al mando del comendador García Jofre de Loaysa. Llegan a la Tierra del Fuego, pero muere el comendador, y cinco días después, a bordo de la nao Santa María de la Victoria, en la Malasia, muere también Elcano, el 4 de agosto de 1526. Actualmente el buque escuela español "Juan Sebastián de Elcano" recorre el mundo para honrar al gran marino.

Epicuro

El filósofo griego Epicuro nace en la isla de Samos en el 342 (a. de C). Expulsado de Samos, busca refugio en Colofón y de ahí pasa a Teos, donde estudia con Nausifanes, que era discípulo de Demócrito. Se establece en Atenas y allí funda la escuela del *Jardín* en el año 306, donde se le rinde culto a la amistad. Forma un círculo estrecho con su hermano Timócrates, y con varios amigos. Se diferencia su escuela de las demás porque permite la entrada de las mujeres, algo que rechazaban la Academia platónica y el Liceo aristotélico. Epicuro escribe unas 300 obras, pero sólo se conservan *Máximas*, fragmentos del tratado *De la Naturaleza* y cuatro cartas. Sus ideas quedan impregnadas en el poema "La naturaleza de las cosas", del poeta latino Tito Lucrecio Caro. Epicuro ejerce dos doctrinas, la del conocimiento intelectual o canónica, y la física, basada en la naturaleza. La filosofía epicúrea se apoya en la búsqueda de la felicidad pero sin desenfrenos y a favor de las virtudes humanas. Es, pues, una mala interpretación llamarle "epicúreo" a quien se entrega a los placeres sin principios morales. Epicuro muere en Atenas, en el año 270 (a. de C).

F

… Luis Mario

Manuel de Falla

El músico español Manuel de Falla nace en Cádiz el 3 de noviembre de 1876. Su primera maestra es su propia madre pianista, y después ingresa en el Conservatorio de Madrid, donde uno de sus maestros es Felip Pedrell. Termina esa época de estudios componiendo la ópera *La vida breve*, con la que gana el primer premio de un concurso de la Real Academia de Bellas Artes de San Fernando, que más tarde lo aclamaría académico en 1929. *La vida breve* fue estrenada en Niza, y allí, en Francia, sigue su carrera musical desde 1907, y traba amistad con Claude Debussy, Maurice Ravel y su compatriota, Isaac Albéniz. Regresa a España en 1914 y, ya en plenitud artística, compone muchas obras, como Siete canciones populares españolas para voz y piano, *El amor brujo,* el ballet *El sombrero de tres picos*, el *Concierto para clave y cinco instrumentos* y su obra perfecta: *El retablo del maese Pedro.* Pero Falla no puede concluir el sueño de su vida, la cantata escénica *La Atlántida*, basada en un poema del catalán Jacint Verdaguer. La muerte lo sorprende el 14 de noviembre de 1946 en Alta Gracia, Argentina, país al que se había trasladado al estallar la guerra civil en España.

Benito Jerónimo Feijoo

Nace el Padre Benito Jerónimo Feijoo y Montenegro en Orense, España, el 8 de octubre de 1676. Benedictino desde los 14 años, es profesor de Teología en Oviedo. Este polígrafo español es monje, durante cuarenta años, de San Julián de Samos. Realiza una notable campaña educacional en una época plagada de supersticiones. Su misión es orientadora, y en los ocho tomos de su obra *Teatro crítico universal*, de 1726 a 1739, así como en los cinco tomos de *Cartas eruditas y curiosas,* de 1742 a 1760, centra toda su filosofía esclarecedora de conceptos. El papa Benedicto XIV se entusiasma con sus escritos, aunque éstos provocan polémicas, pero tanta dignidad inspiran, que el rey Fernando VI expide una pragmática en 1750, para prohibir que sus obras sean atacadas. Una de las posturas admirables asumidas por el Padre Feijoo es cuando defiende al científico matemático Isaac Newton, diciendo que con ello el Catolicismo no sería afectado. Es un clérigo tan admirable, que a pesar de su desenvoltura didáctica, nada común en un sacerdote de su época, es respetado por la Santa Inquisición. El Padre Feijoo muere en el Convento de Oviedo, el 26 de diciembre de 1764.

María Félix

María de los Ángeles Félix Güereña nace en Álamos, Sonora, el 8 de abril de 1914. Estudia bachillerato en Guadalajara y, por su belleza, es elegida Reina del Carnaval. A los 19 años se casa con Enrique Álvarez y nace su único hijo, el actor Enrique Álvarez Félix, muerto en 1996. Se divorcia y conoce a Fernando Palacio, quien la introduce en el cine con el nombre de María Félix. Su primer filme es "El peñón de las ánimas", en 1942. Filma otras películas y le llega un gran triunfo con "Enamorada". En 1944 se casa con el cantante del Trío Calaveras, Raúl Prado. La unión dura dos meses, y un año después vuelve a casarse, esta vez con el músico poeta Agustín Lara. La canción "María Bonita" se convierte en un himno de amor. Separada de Lara en 1947, filma nuevas películas en España, Italia y Argentina. Vuelve a México en 1952 y se casa sorpresivamente con otro ídolo mexicano: Jorge Negrete, que muere un año después. María Félix parte a Francia donde filma "La Bella Otero". Regresa a México. Más filmaciones hasta "La Generala", de 1969, se aleja del cine y vuelve con su última película: "La bruja blanca", de 1980. Su quinta y última boda es en 1975, con el francés Alex Berguer. Conocida como "La Doña", por la película "Doña Bárbara", que refleja parte de su propio carácter, muere llena de premios y de gloria en Cuernavaca, el día de su cumpleaños, en 2002.

Carlos J. Finlay

El científico cubano Carlos J. Finlay de Barrés, nace en Camagüey, el 3 de diciembre de 1833. A los once años es enviado a Francia, donde estudia primero. Termina la carrera de Medicina en el Jefferson Medical College de Filadelfia, el 10 de marzo de 1855, y al año siguiente revalida el título en la Universidad de La Habana. Investigador meticuloso, sus descubrimientos sobre el cólera en 1865 son aceptados en Europa años después. Publica *El clima en la isla de Cuba, La propagación de la raza de color* y *Nuevas teorías de la gravitación*. El mayor logro de Finlay, no obstante, es el descubrimiento de que el mosquito es el transmisor de la fiebre amarilla, teoría que presenta en 1881 en la Academia de Ciencias de La Habana y en la Conferencia Sanitaria Internacional de Washington. En 1998, científicos estadounidenses en Cuba comprueban lo descubierto por Finlay, que pasa a ser un benefactor de la humanidad. El presidente Gerardo Machado honra al científico al crear la Orden de Mérito con su nombre. Carlos J. Finlay muere en La Habana el 20 de agosto de 1915. Cuba celebra el Día del Médico cada 3 de diciembre, en su honor, por haber nacido ese día.

Luis Mario

Benjamín Franklin

El filósofo, inventor, científico y estadista estadounidense, Benjamín Franklin, nace en Boston el 17 de enero de 1706. Apenas asiste a la escuela y se prepara autodidácticamente en ciencia, filosofía y los idiomas latín, alemán, francés, italiano y español. Publica en 1757 el libro científico *Almanaque del pobre Richard.* Con una cometa, Franklin descubre la electricidad y sus polos negativo y positivo. Funda la primera biblioteca pública en 1742, es miembro de la Asamblea General de Pensilvania y crea la primera compañía de seguros contra incendios. Estudia el aumento de la población, la higiene, la contaminación, y entre otras cosas inventa la estufa Franklin, el pararrayos y los espejuelos bifocales. Franklin también toca el arpa, la guitarra y el violín, y estudia composición musical. En 1753 dirige el sistema de correos de Filadelfia. Franklin defiende las colonias americanas en 1757 en la propia Inglaterra. La Declaración de Independencia la escriben él, Thomas Jefferson y John Adams en 1776. Crea un sistema gubernamental equilibrado. Lucha por el fin de la esclavitud y escribe su autobiografía. Benjamín Franklin muere en Filadelfia el 17 de abril de 1790.

G

Luis Mario

Mahatma Gandhi

El libertador del pueblo hindú, Mohandas Karamchand Gandhi, nace el 2 de octubre de 1869 en Porbandar, India. El nombre Mahatma, que significa magnánimo, le fue impuesto por su pueblo. A los 13 años de edad, Gandhi se casa con Kasturba, también de 13 años, y la pareja tiene cuatro hijos. Educado en Londres, Gandhi regresa a su país en 1891 para ejercer como abogado. Dos años después se muda a Sudáfrica, también bajo el dominio inglés, donde permanece 21 años entregado a la causa independentista. Su sistema de acción es la no violencia, la no colaboración con el gobierno colonial inglés. Gandhi regresa a la India en 1915, es arrestado muchas veces y preside el Congreso Nacional Indio de 1924 al 34, y de 1940 al 41. En la Conferencia de Londres aboga por su país. Organiza protestas pacíficas. En 1947, India logra independizarse de Gran Bretaña, se divide en India y Pakistán, y las luchas entre hindúes y pakistaníes quiebran los sueños de paz de Gandhi. Entre sus obras sobresalen *Autogobierno hindú, Joven India y Alba universal.* El 25 de enero de 1948, Mahatma Gandhi muere asesinado por un fanático en Delhi, hijo de su propia tierra.

Calixto García Iñiguez

Este hombre que peleó en todas las guerras por la independencia de Cuba, Calixto García Iñiguez, nace en Holguín el 4 de agosto de 1839. En la Guerra de los Diez Años sirve bajo las órdenes de Máximo Gómez, a quien sustituye después como Jefe de Oriente. Es sorprendido por el enemigo y antes de caer prisionero prefiere suicidarse con un disparo en el cielo de la boca, pero la bala sale por la frente y sobrevive. Años más tarde Martí escribe: "Lleva su historia en su frente herida". Aquella cicatriz ha sido comparada con la estrella solitaria de la bandera cubana. Hecho prisionero, es deportado a España y queda libre tras el Pacto del Zanjón de 1878. Es uno de los organizadores de la llamada Guerra Chiquita. Al estallar el 24 de febrero de 1895 la Guerra de Independencia, es nombrado Jefe del Ejército de Oriente, y realiza exitosas acciones en Guáimaro, Victoria de las Tunas Guisa, Loma de Hierro, Bijarú, Tacajó y Baguanos. Al morir Maceo en combate es nombrado Lugarteniente de Máximo Gómez, y al finalizar la guerra, bajo la intervención de Estados Unidos, preside una comisión que va a Washington en misión especial, y allí muere el 11 de diciembre de 1898.

Federico García Lorca

El poeta español de la Generación del 27, Federico García Lorca, nace el 11 de junio de 1898 en Fuente Vaqueros, Granada. Estudia Filosofía, Letras y Derecho en la Universidad de Granada, además de piano y guitarra. Se instala en la Residencia de Estudiantes, en Madrid, en 1919. Triunfa con el libro *Primeras canciones* y con el drama *Mariana Pineda*. En mayo de 1929 va a París y Londres, sigue hacia Nueva York en junio, y en 1930 se dirige a Cuba, donde conoce a poetas y literatos. Regresa a España y estrena *La zapatera prodigiosa*. Sus tareas intelectuales son intensas, y otros libros son *Poeta en Nueva York, Diván del Tamarit* y *Romancero gitano*, con el que renueva el romance de Castilla. En 1932 realiza una gira de conferencias por España. En 1933 estrena *Bodas de sangre*, escribe *Yerma* y dirige La Barraca en la Universidad de Verano de Santander. Viaja a Uruguay y Argentina en 1934, y regresa a España haciendo escala en Rio de Janeiro. Escribe sus once "Sonetos del amor oscuro". En 1936 lee a sus amigos *La casa de Bernarda Alba*. Ese año Federico García Lorca marcha a Granada, comienza la Guerra Civil española, y lo fusilan el 19 de julio.

José García Nieto

El poeta español José García Nieto nace en Oviedo el 6 de julio de 1914. A los 15 años vive en Toledo y después en Madrid, donde estudia bachillerato. Su primer libro data de 1940: *Víspera hacia ti*, y tres años después funda y dirige la revista *Garcilaso*. Después también dirige *Acanto* y *Poesía Española*. Conferenciante sobre temas poéticos, realiza lecturas en España y Portugal y escribe cuentos y obras teatrales. En 1951 se casa con María Teresa Sahelices Martín, con quien tiene tres hijos. Entre decenas de premios gana en 1951 el Nacional Garcilaso con su libro *Tregua*; el Fastenrath de la Real Academia Española en 1955; el Nacional de Literatura por su *Geografía es amor* en 1957; el Internacional de Poesía Religiosa San Lesmes Abad en 1979 y el Cervantes en 1996. En 1982 es elegido académico de la Real Academia Española, y lee su discurso de ingreso en verso "Nuevo elogio de la lengua española". Entre otras muchas obras publica *Versos de un huésped de Luisa Esteban, Tú y yo sobre la tierra, Del campo y soledad, Corpus Christi y seis sonetos, Daño y buen año del hombre, Sonetos por mi hija* y *La hora undécima*. José García Nieto muere en Madrid el 27 de febrero de 2001.

Mercedes García-Tudurí

La ejemplar forjadora de ciudadanos, Mercedes García Tudurí, nace en La Habana el 21 de abril de 1904. Su educación abarca varios doctorados: Filosofía y Letras, Pedagogía, Ciencias Políticas, Sociales y Económicas y en Leyes; y Licenciatura en Derecho Diplomático y Consular de la Universidad de La Habana. En Cuba es miembro de la Academia Nacional de Artes y Letras, y en EE.UU, donde reside como exiliada política durante largos años, es miembro de las más importantes instituciones. Durante toda su vida ejerce como profesora de Filosofía, y sus últimas aulas estuvieron radicadas en el Barry College y en St. Thomas University en Miami, Florida. Su obra literaria es inmensa, y entre sus libros sobresalen *Cívica y Sociología, Psicología, Introducción a la Filosofía, La educación privada en Cuba y La educación en Cuba en los primeros cincuenta años de independencia.* Sus libros de poesías son *Alas, Arcano, Ausencias* y *Andariega de Dios, tiempo de exilio*. Mercedes García-Tudurí recibe valiosos premios, y el último es la Medalla Pro Ecclesia et Pontífice, otorgada por el papa Juan Pablo II. Por su conducta cívica y moral es la Primera Dama del Destierro, y fallece en Miami el 25 de mayo de 1997.

José María Gironella

El escritor, novelista y poeta español, José María Gironella, nace en Darniús, Cataluña, el 31 de diciembre de 1917. Autodidacto a carta cabal, estudia por su cuenta desde los doce años, y los 33 libros que publica gozan de inmensa aceptación. Abre una librería en Gerona en la que obtiene su mayor cultura. Como soldado, lucha a favor de Francisco Franco en un batallón de esquiadores. En 1946 se casa con Magdalena Castañer; ese mismo año publica el libro de poesías *Ha llegado el invierno y tú no estás*, y recibe el Premio Nadal por su primera novela: *Un hombre*. Sin embargo, lo que más fama le da a Gironella es su trilogía inspirada en la guerra civil española: *Los cipreses creen en Dios*, 1953; *Un millón de muertos*, 1962 y *Ha estallado la paz*, 1966. Muchos premios recibe Gironella por su obra literaria, en los que se destacan el Nacional de Literatura y el Planeta, éste último por su novela *Condenados a vivir*. Otras obras importantes de Gironella son *Cien españoles y Dios*, *Cien españoles y Franco*, *En Asia se muere bajo las estrellas*, *La sombra de Chopin*, *Todos somos fugitivos* e incontables crónicas. José María Gironella muere en Arenys de Mar, Barcelona, el 3 de enero de 2003.

Johan Wolfgang Goethe

Uno de los poetas mayores de la humanidad, Johann Wolfgang Goethe, nace en Francfort del Main, Alemania, el 28 de agosto de 1749. Estudia en Leipzig y en Estrasburgo. Con Johann Gottfried Herder promueve el movimiento *Sturn und Drang*, exaltación de lo individual y lo sensual, y descubre a Homero, Shakespeare y la poesía popular. Al enamorarse de Charlotte Bluff, novia de su amigo Kestner, escribe la novela *Los sufrimientos del joven Werther*, en la que el intérprete se suicida, con lo que inicia el Romanticismo en la narrativa, como lo había hecho en la poesía con obras como *Canciones de Sesenheim*. Desde 1774 Goethe escribe las primeras escenas de su obra mayor: Fausto, que sigue hasta su muerte. En Weimar es consejero del duque Carlos Augusto y llega a ser ministro de Finanzas en 1782. Escribe, publica, vive en Italia de 1786 a 1788, y retorna al clasicismo. En 1806 se casa con una mujer que le había dado cinco hijos: Christiane Vulpius. En 1808 publica *Fausto*, y un año después la novela *Las afinidades electivas*. Más tarde escribe *Poesía y verdad* y la segunda parte de Fausto. Johan Wolfgang Goethe muere en Weimar el 22 de marzo de 1832.

Giuseppe Garibaldi

El patriota y militar italiano Giuseppe Garibaldi nace en Niza el 4 de julio de 1807. A los 25 años ya es capitán de buques mercantes. Su unión con el nacionalista Giuseppe Mazzini le cuesta el destierro. Vive en Sudamérica de 1836 a 1847, se une al movimiento separatista de Rio Grande do Sul, es nombrado en 1842 capitán de la flota uruguaya, y en defensa de Montevideo se enfrenta al dictador argentino Juan Manuel de Rosas. Garibaldi se casa con Ana María de Ribeiro. Regresa a Italia, aboga por la independencia romana, pero el ejército es derrotado y sale desterrado a Estados Unidos y a Perú. Años después organiza la Expedición de los Mil, llamada los camisas rojas, invade Sicilia y hace capitular a Francisco II en 1861, conquista a Nápoles y Víctor Manuel de Cerdeña es proclamado Rey. En otras dos ocasiones Garibaldi marcha sobre Roma: en 1862, cuando es hecho prisionero y en 1867. Sirve en el Ejército de Francia contra Prusia en 1870. Preside el Comité Central Unitario Italiano, es elegido diputado en la Asamblea de Burdeos en 1871, y del Parlamento Italiano en 1875. Giuseppe Garibaldi muere en Caprera, Italia, el 2 de junio de 1882.

Francisco Gavidia

El poeta, dramaturgo y polígrafo Francisco Antonio Gavidia Guandique nace en San Miguel, El Salvador, el 29 de diciembre de 1863. Graduado de Ciencias y Letras a la edad de 16 años. Domina todos los géneros literarios y estudia las letras grecolatinas. Rubén Darío reconoce en su biografía la deuda contraída con Gavidia, sobre todo de la poesía francesa. Ejerce el periodismo y en 1933 es coronado como Salvadoreño Meritísimo, por ayudar a organizar el Parlamento. Miembro de la Real Academia Española, domina los idiomas inglés, alemán, portugués, italiano, francés, griego y latín, y traduce entre otros a Anacreonte, Goethe, Lamartine y Hugo. Estudia la prehistoria salvadoreña y, como musicólogo traduce 205 obras operáticas. Ministro de Instrucción Pública, Gavidia crea la primera reforma educativa en El Salvador. En 1989 es rebautizado el Teatro de San Miguel como Teatro Nacional Francisco Gavidia. Catedrático de la Universidad de El Salvador, se le otorga el título de Doctor Honoris Causa. Publica discursos, estudios y conferencias, y sobresale entre sus obras *Cantos de marinos, Estudios de Filosofía y del lenguaje, La primera forma de gobierno en Centroamérica, Estudio sobre la personalidad de Juan Montalvo, Ursino, Júpiter, Historia moderna de El Salvador* y *Cuentos y narraciones*. Francisco Gavidia muere en San Salvador el 22 de septiembre de 1955.

INSPIRADORES

Gertrudis Gómez de Avellaneda

El 23 de marzo de 1814 nace en Puerto Príncipe, Camagüey, la poetisa del romanticismo cubano Gertrudis Gómez de Avellaneda. En 1836 sale rumbo a Francia y España, y escribe el soneto "Al partir". Estrena en Sevilla su drama *Leoncia*. Se enamora de Ignacio de Cepeda y le escribe famosas cartas, publicadas en 1907. Ya en Madrid, tiene una hija con Gabriel García Tassara, que muere sin que la reconozca el padre. Usa el seudónimo de "La Peregrina", y a ella la llaman Tula. Juan Nicasio Gallego escribe el prólogo de su primer libro de versos en 1841. Estrena otros dramas, como: *Munio Alfonso, Saúl* y *Baltasar*. En 1845 gana el concurso de las dos mejores odas, dedicadas a la reina Isabel II, y el infante Francisco le ciñe la corona de oro. Se casa con Pedro Sabater en 1846, pero ese mismo año muere su esposo, y se refugia en un convento. Publica otro libro de poesías en 1850. Se casa con el capitán Domingo Verdugo en 1853, y con él regresa a Cuba en 1859, donde es coronada el 27 de enero de 1860. Funda el periódico *Álbum Cubano de lo Bueno y lo Bello*, y en 1863 enviuda nuevamente. Viaja a EE.UU., Francia y España, y muere en Madrid, solitaria y triste, el primero de febrero de 1873.

Juan Gualberto Gómez

El patriota cubano Juan Gualberto Gómez Ferrer nace en Santa Ana el 12 de julio de 1854. En 1869 va a estudiar a París, pero la pobreza se lo impide y se dedica al periodismo. Viaja por las Antillas y México. Tras el Pacto del Zanjón en 1878, vuelve a La Habana y colabora con la prensa. En 1879 funda y dirige *La Fraternidad, La Igualdad y La República Cubana*, en defensa de su raza negra. Es deportado a Ceuta en 1880, y pasa 20 meses en Madrid, donde se reconocen sus valores. Publica *La cuestión de Cuba en 1884*. Es Jefe de Redacción de *El Abolicionista* y *La Tribuna* y escribe en los diarios madrileños *El Progreso* y *El Pueblo*. Publica *Un documento importante* y *La isla de Puerto Rico*. En 1890 regresa a Cuba y revive *La Fraternidad,* donde escribe "por la independencia cubana y por los derechos de la raza de color", y es condenado a prisión en Ceuta Delegado de José Martí, recibe la orden de alzamiento del 24 de febrero de 1895, dentro de un habano. En 1901 es delegado de la Asamblea Constituyente, y elegido senador y representante de la República. Juan Gualberto Gómez muere en La Habana el 5 de marzo de 1933.

Máximo Gómez

El 18 de noviembre de 1836, nace en República Dominicana uno de los mayores libertadores de Cuba, Generalísimo Máximo Gómez. Sostiene la primera batalla al machete al estallar la guerra del 68, el 26 de octubre en Pino de Baire. El 4 de junio de 1870 se casa con Bernarda Toro de Gómez, gran patriota conocida como Manana, con quien tiene una larga familia.Carlos Manuel de Céspedes lo nombra Mayor General. Marcha al destierro tras la Paz del Zanjón. En 1883 se entrevista con Antonio Maceo en Honduras, y ambas familias embarcan en 1884 hacia New Orleáns. Gómez conoce a José Martí y el 10 de diciembre de 1892 Martí lo visita en Montecristi, República Dominicana. En ese mismo lugar, el 25 de marzo de 1895, firman ambos el famoso Manifiesto para la futura república. El 11 de abril, Martí, Gómez y otros desembarcan en Playitas, Cuba.De nuevo lucha Gómez por la libertad cubana como General en Jefe del Ejército Libertador. EE.UU. entra en la guerra que termina en 1898, y después de cuatro años de ocupación, Gómez asiste al nacimiento de la República el 20 de Mayo de 1902. Su hijo, Panchito Gómez Toro, había muerto junto a Maceo el 7 de diciembre de 1896. Máximo Gómez muere en La Habana el 17 de junio de 1905.

Luis de Góngora y Argote

El poeta español Luis de Góngora y Argote nace en Córdoba el 11 de julio de 1561. Desde 1576 estudia en Salamanca. Viaja a Granada en 1585 y a su regreso lo nombran racionero, (distribuidor de raciones) de la catedral de Córdoba. El apellido de su padre es Argote, pero él antepone el Góngora materno. El cabildo lo envía a Madrid en 1590, y a Salamanca en 1593. Es ordenado sacerdote en 1599. Enferma de gravedad y por aquella época conoce a Lope de Vega, de quien siempre es rival. De nuevo el cabildo lo traslada, esta vez en 1603 a Cuenca y a Valladolid. Se enfrenta a duras polémicas con Francisco de Quevedo, y viaja a Pontevedra. Desde 1612 vive en Madrid como capellán del rey Felipe III. La poesía de Góngora va de lo sencillo a lo retorcido. Además de letrillas, romances, sonetos y décimas, representa al culteranismo, y poemas como Soledades y La *Fábula de Polifemo y Galatea*, lo llevan a la cúspide de la erudición, pero también al enigma del gongorismo. Luis de Góngora y Argote muere en Córdoba el 23 de mayo de 1627. Ese mismo año, Juan López de Vicuña publica sus poesías que titula *Obras en verso del Homero español*.

Enrique González Martínez

El poeta mexicano Enrique González Martínez nace en Guadalajara el 13 de abril de 1871. A los diez años ingresa en el Liceo de Varones del Estado. Estudia Medicina y se gradúa el 7 de abril de 1893. Ejerce como profesor adjunto de Fisiología, preside el Ateneo de la Juventud y en 1913 es subsecretario de Instrucción Pública. Miembro de la Academia Mexicana, dirige la revista Pegaso conjuntamente con Efrén Rebolledo y Ramón López Velarde. Como diplomático es ministro plenipotenciario de su país en Argentina, Chile, España y Portugal. Recibe el Premio Nacional de Literatura en 1944 y es catedrático de Literatura Francesa en Ciudad de México. Desde 1931 se dedica solamente a la Poesía, que había roto con los excesos modernistas de los imitadores de Rubén Darío. Su soneto "Tuércele el cuello al cisne", lo escribe desde 1911. Entre sus obras se destacan Preludios, Los senderos ocultos, La muerte del cisne, La hora inútil, El romero alucinado, Las señales furtivas, Babel, El nuevo Narciso y Tres rosas en el ánfora. Enrique González Martínez muere en México el 21 de febrero de 1952. Sus restos descansan en la Rotonda de los Hombres Ilustres.

Máximo Gorki

Alejo Maximovich Pechkof, que adoptó el nombre de Máximo Gorki, nace en Nijni Novgorot, Rusia, el 14 de marzo de 1868. Gorki en ruso quiere decir amargo, y él toma ese apellido debido a la gran pobreza de su niñez, cuando es aprendiz de zapatero, pinche de cocina y vendedor ambulante. Se inicia en las letras autodidácticamente gracias a la ayuda de Vladimiro Korolenko, y gana fama desde su primer libro de 1896, *Narraciones*. Desde entonces crea en la literatura rusa el personaje vagabundo, pero optimista ante las desdichas de la vida. Gorki sirve a la Cruz Roja durante la revolución de 1905, y más tarde es presidente de un comité que protege la propiedad artística. Visita a Nueva York y escribe en 1906 *La ciudad del demonio amarillo*. Ante la revolución de octubre, discrepa de los soviets en 1920, y Lenin lo quita de su camino enviándolo a Italia. Gorki se destaca por su insistencia en publicar libros autobiográficos, como *Mi infancia, Entre la gente, Primer amor, Mis universidades y Recuerdos de mi vida literaria*. Además, escribe dramas como *La moneda falsa* y *En los bajos fondos*. Entre sus obras maestras se cuenta *La madre*, de 1906. Regresa a su patria en 1928, y muere misteriosamente en Moscú el 17 de junio de 1936, muy probablemente envenenado por los comunistas, de los que se había apartado.

Francisco José Goya y Lucientes

En Fuendetodos, Zaragoza, el 30 de marzo de 1746, nace Francisco José Goya y Lucientes, considerado como el mejor pintor español del Siglo XVIII. Trabaja con el pintor José Luzán y desde 1770 estudia pintura en Italia. Regresa a su patria y se casa en Madrid con Josefa Bayeu, cuyo hermano, Francisco, lo protege económicamente. En 1780 funge como subdirector de la manufactura de Santa Bárbara y nueve años después se convierte en pintor de cámara de Carlos IV. En 1792 cae enfermo en Cádiz y queda casi completamente sordo, algo que lo afecta espiritualmente. En 1795 es director de pintura de la Academia de San Fernando. Se produce la abdicación de Carlos IV por la intervención francesa, pero al fugarse los franceses posteriormente y entrar Fernando VII en España en 1814, Goya tiene que escapar de la ira del pueblo debido a su vinculación con el rey José Bonaparte. En 1819 Goya vive en las afueras del Madrid, en la "Quinta del Sordo", la que decora con sus pinturas negras. Entre sus cuadros se destacan "Cristo Crucificado", "La maja desnuda", "El 2 de mayo de 1808 en Madrid", "Fusilamientos del 3 de mayo" y una gran cantidad de retratos de reyes y personajes de la época. En 1824 se traslada a Francia, y muere en Burdeos el 16 de abril de 1828.

Polita Grau

Leopoldina Grau Alsina, la popular Polita Grau, nace en La Habana el 19 de noviembre de 1915. Su tío soltero, Ramón Grau San Martín, es presidente de la República de Cuba de 1933 a 1934, y de 1944 a 1948, y ella es conocida como Primera Dama. Desde muy joven se destaca en las luchas contra Gerardo Machado y después contra Fulgencio Batista, pero su historia más heroica surge con la revolución comunista. A principios de los años sesenta es la madrina del movimiento Pedro Pan. Se trata de la salida hacia Estados Unidos de 14,000 niños, cuyos padres quieren salvarlos del comunismo. El creador es su hermano Ramón, conocido como Mongo Grau. La ayuda de la Iglesia Católica es vital para esa empresa, y la propia Polita Grau envía a sus dos hijos a la libertad. Después, con su hermano Mongo conspira contra el castrismo, y ambos son arrestados en 1965. Ella cumple 14 años, su hermano cumple 22, víctimas los dos de torturas y vejaciones inenarrables. Exiliada en Estados Unidos desde 1978, Polita Grau se convierte en una voz que denuncia constantemente los desmanes del gobierno cubano. Mongo Grau llega al exilio en 1986 y muere 12 años después. Polita Grau muere en Miami el 22 de marzo de 2000.

Doménicos Theotocópuli, el Greco

El pintor español de origen griego, Doménicos Theotocópuli, nace en la isla de Creta en 1541. Hay historiadores que afirman que el Greco estudia con Tiziano en Venecia, pero quien más influye en él es Tintoretto. Desde 1570 vive en Roma, se traslada a Toledo alrededor de 1576, y allí pinta sus mejores cuadros. Se queda para siempre en España donde se le conoce como Doménico Greco. Además de pintor es arquitecto y escultor. Crea muchas obras maestras como "El entierro del conde de Orgaz", pero la cumbre de su arte pictórico radica en cuadros como "El bautismo de Cristo", "La adoración de los pastores", "Cristo con la cruz a cuestas", "La Sagrada Familia con Santa Ana", "Expolio de Cristo" y otros. El Greco es también un miniaturista, arte que resalta en su "Imposición de la casulla a San Ildefonso". Los datos biográficos del Greco se pierden en un laberinto de investigaciones cuyos resultados a veces son contradictorios, y se ha llegado a afirmar que realiza estudios en España durante su niñez. El rey Felipe II le encarga en 1580 el cuadro de "San Mauricio" y otros mártires para El Escorial. Obtiene grandes ganancias con sus pinturas pero las emplea en una vida ostentosa. Se le considera precursor del Impresionismo por sus figuras estilizadas. El Greco muere en Toledo el 7 de abril de 1614.

H

Luis Mario

Ernest Hemingway

En Oak Park, Illinois, nace Ernest Hemingway el 21 de julio de 1899. A los 18 años de edad labora en el servicio de ambulancias del frente italiano durante la Primera Guerra Mundial. Resulta gravemente herido y ejerce después el periodismo para el *Toronto Star* en el Cercano Oriente. En 1929 publica *Adiós a las armas*, novela que le da fama internacional. Sirve como corresponsal en la guerra civil española, de 1937 al 38, cuando publica *Por quién doblan las campanas*, inspirado en aquella experiencia. En 1941 sigue como corresponsal en China, y de 1944 al 45, en la Segunda Guerra Mundial. Viaja por Asia y Europa y visita frecuentemente a Cuba, donde logra el triunfo mayor con *El viejo y el mar*, novela escrita en la playa de Cojímar, en La Habana, que le vale el otorgamiento del Premio Pulitzer en 1953 y del Nobel en 1954. Después del establecimiento del comunismo en Cuba, no regresó más, en desacuerdo con los ataques verbales contra Estados Unidos. Hemingway escribe otros muchos libros de gran impacto, como *Muerte en la tarde, Las verdes colinas de África* y *Tener y no tener*. El 2 de julio de 1961 muere el escritor al disparársele una escopeta, aunque para muchos fue un suicidio, como el de su padre y su abuelo. Su última obra conocida, *True at First Light*, se publicó en 1999.

Pedro Henríquez Ureña

El filólogo y humanista dominicano Pedro Henríquez Ureña, nace en Santo Domingo el 29 de junio de 1884. A los seis años enseña a leer a su hermano Max, un año mayor que él. Hereda el don poético de su madre, Salomé Ureña, pero su camino es la investigación literaria y el ensayo. Se gradúa de Dr. en Filosofía y Letras. Vive en Cuba, donde publica su primer libro, *Ensayos críticos,* en 1905. También vive en Estados Unidos, México, Argentina, Francia y España. Se casa con Isabel Lombardo. Alberto Baeza Flores lo llama "Don Pedro de América". Ejerce la crítica en todas sus funciones, pero sus estudios sobre versificación van a la cabeza de sus obras con el libro *La versificación irregular en la poesía castellana,* escrita en el Centro de Estudios Históricos de Madrid, bajo la presidencia de Ramón Menéndez Pidal, que le sirve como disertación doctoral en la Universidad de Minnesota. Henríquez Ureña es un hispanista a carta cabal, y otros libros suyos son *Ensayos críticos, Horas de estudio, El nacimiento de Dionisos, Mi España, La utopía de América* y *Corrientes literarias en la América Hispánica.* Pedro Henríquez Ureña muere de un ataque cardíaco, al correr para alcanzar un tren en Buenos Aires, el 11 de mayo de 1946.

José María Heredia

El primer Poeta Nacional de Cuba, José María Heredia, nace en Santiago de Cuba, el 31 de diciembre de 1803. En 1818 estudia Leyes en la Universidad de La Habana, y al año siguiente escribe *Eduardo VI o El Usurpador Clemente*, su primera obra dramática. En 1820 continúa sus estudios de Leyes en la Universidad de México. Escribe uno de sus poemas más importantes: "En el Teocalli de Cholula". En 1921 se gradúa en Derecho Civil en La Habana. En 1823 se le acusa de conspirador en el movimiento Rayos y Soles de Bolívar, pero logra escapar por mar y llega a Boston el 4 de diciembre. En junio de 1824 escribe su poema más famoso: "Niágara". Publica su libro *Poesías* en New York en 1825, y en México en 1832. En 1827 es nombrado Juez de Primera Instancia del Estado de Cuernavaca. Ese año se casa con Jacoba Yánez, con quien tiene seis hijos, y ve morir a cinco de ellos. Desarrolla una amplia vida cultural y política en México. De La Habana le llegan noticias, en 1831, de su condena a muerte, pero el capitán general Miguel Tacón le permite regresar en 1836. Dos años después vuelve a México, en cuya capital muere tuberculoso el 7 de mayo de 1839.

Julio Herrera y Reissig

Poeta del esplendor modernista, Julio Herrera y Reissig nace en Montevideo el 9 de enero de 1875, con una enfermedad cardiaca congénita. Estudia con los salesianos y solamente un año en el Colegio San Francisco. A los 15 años trabaja en la Alcaldía de la Aduana. En 1898 labora en la Inspección Nacional de la Instrucción Primaria, publica sus primeros versos en la prensa, y al año siguiente empieza a redactar *La Revista*, que llega a 22 números, y donde publica "Wagnerianas". En el *Almanaque Artístico del Siglo XX* da a conocer "Las Pascuas del Tiempo". En 1902 tiene una hija natural. Traduce a poetas franceses. En 1903, en el cuartito de una azotea, funda la Torre de los Panoramas, con sus amigos bohemios, y escribe narrativa y más poesía. En 1904 pasa cinco meses en Buenos Aires como Jefe de Archivo del Centro Municipal. Vuelve a su patria y colabora con *La Democracia* y con *La Prensa*. Surgen en 1907 sus obras *Los Parques Abandonados* y *Los Éxtasis de la Montaña*. En 1908 se casa con Julieta de la Fuente. *La Torre de las Esfinges* data de 1909. Lo nombran Bibliotecario del Departamento Nacional de Ingenieros, pero no ejerce, porque la muerte lo sorprende en Montevideo, el 18 de enero de 1910.

Hidalgo y Costilla, Miguel (El Cura Hidalgo)

Miguel Hidalgo y Costilla, el Padre de la Patria mexicana, nace el 8 de mayo de 1753 en Pénjamo, Guanajuato. Estudiando en el Colegio San Nicolás, en Morelia, donde lo nombran rector. En 1778 es ordenado sacerdote y cinco años después es el cura párroco de la iglesia de Dolores, en Guanajuato. Ayuda a los fieles a cultivar la tierra y a crear algunas industrias. En 1809 forma parte de una sociedad en Valladolid, cuya meta secreta es la independencia de México. Las autoridades se enteran de los planes y el Cura Hidalgo huye hacia Querétaro, allí conoce a Ignacio Allende. Con una imagen de la Virgen de Guadalupe, Patrona de México, lanza el Grito de Dolores el 16 de septiembre de 1810, y comienza la lucha independentista. Conjuntamente con Allende forma un ejército que sobrepasa los 40,000 hombres. Se apoderan de Guanajuato y Guadalajara. El 11 de enero de 1811 es derrotado por los realistas. El Cura Hidalgo logra escapar hacia Aguascalientes y Zacatecas, pero es traicionado, lo capturan, lo condenan a muerte, y se enfrenta con gran entereza a sus ejecutores el 1 de agosto de 1811. La ciudad de Dolores hoy se llama Dolores Hidalgo en su honor.

Hipócrates

Hipócrates, el primer gran médico de la humanidad, nace en Grecia en el año 460 (a. de C). En su época se cree que las enfermedades tienen un origen divino. Esas ideas van cayendo en el vacío ante la influencia del científico. Entre sus obras se destaca, principalmente, el *Corpus hippocraticum*, donde está presente el *Tratado de los aires, las aguas* y los *lugares*. Las enfermedades empiezan a relacionarse con los efectos del medio ambiente: el aire, el agua que se bebe, el lugar donde se vive, los cambios climatológicos... Hipócrates escribe también *Aforismos*, y *Tratado del pronóstico*, ideas sumamente avanzadas mediante las cuales un médico puede describir el desarrollo de una enfermedad a través de la observación de cierta cantidad de enfermos. En *Régimen en enfermedades agudas,* da un paso de muchos siglos hacia la medicina preventiva actual. Hipócrates es el primero en el mundo occidental en referirse al balance nutritivo para conservar la salud. El Juramento de Hipócrates es obligado para el estudio de la Medicina, y este genio científico que descorre el velo de la ignorancia y la superstición, muere en el año 332 (a. de C).

Horacio

El poeta latino Quinto Horacio Flaco nace en diciembre del año 65 (a. de C) en Venusia, hoy territorio italiano. Estudia filosofía y poética en Roma y en Atenas. Marco Junio Bruto lo nombra tribuno. Peleando junto a los republicanos es derrotado en Filipos, pero vuelve a Roma y, gracias a Virgilio, que le presenta a Cayo Mecenas en el año 38 (a. de C), Horacio se relaciona con grandes figuras de la política y la literatura. En el año 33 (a. de C) Mecenas le regala una propiedad en las colinas de Sabina, y allí se dedica a la literatura. Horacio escribe epístolas, sátiras y épodos. Satiriza los defectos y los pecados humanos y denuncia las injusticias sociales. Pero cuando se destaca más es con tres libros de odas desde el año 23 (a. de C). En el primer libro de sus Epístolas, cartas en hexámetros, expone sus ideas sobre la vida y el arte de escribir. Cuando Augusto le pide que escriba el himno "Carmen" para los juegos seculares de Roma, Horacio crea su mejor poesía lírica. Técnico de la materia, al escribir Epístola a los Pisones o Arte poética, deja sentadas las bases de la más avanzada poesía latina de su tiempo. Horacio muere en Roma el 27 de noviembre del año 8 (a. de C).

Eugenio María de Hostos

En Mayagüez, Puerto Rico, nace Eugenio María de Hostos el 11 de enero de 1839. Estudia en San Juan y en Bilbao, España, y lucha por la libertad de Cuba y Puerto Rico, así como por la abolición de la esclavitud. Entre sus obras resaltan *La peregrinación de Bayoán, Juicio crítico de Hamlet, Tratado de sociología, Lecciones de derecho constitucional, Ensayo sobre la historia de la lengua castellana, Historia de la civilización antigua, Geografía evolutiva, Cartas públicas acerca de Cuba* y *El caso de Puerto Rico*. Pedagogo, sociólogo y filósofo, ejerce como profesor en la Universidad Central de Chile, donde defiende el derecho de la mujer a estudiar ciencias. Promueve la construcción del ferrocarril andino, y la primera locomotora que cruza los Andes lleva su nombre. En 1874 dirige en Nueva York *La América Ilustrada,* y, en *Santo Domingo, Las Tres Antillas*. Allí funda la Escuela Normal de Santiago de los Caballeros. José Martí lo designa Delegado del Partido Revolucionario Cubano. Se enfrenta en Washington al presidente McKinley por la independencia de Puerto Rico, y regresa a República Dominicana donde es nombrado Director General de Enseñanza. En aquella, su segunda patria, muere este "Ciudadano de América" el 11 de agosto de 1903.

Víctor Hugo

El poeta y dramaturgo francés, Víctor Hugo, nace en Besancon el 26 de febrero de 1802. Luis XVIII lo premia en 1820 por sus odas monárquicas, y dos años después se casa con Adela Foucher. Desde joven su actividad literaria es intensa. Su primera novela, *Han de Islandia,* la escribe a los 21 años de edad. Publica *Odas y baladas* en 1826. Cuando en 1829 publica *Los orientales* y *El último día de un condenado a muerte*, ya su fama es inmensa. Como autor teatral la mayor gloria le llega con *Hernani* en 1830. Publica *Nuestra Señora de París* en 1831, y su poesía de exaltado romanticismo brota incontenible en libros como *Hojas de otoño, Cantos del crepúsculo, Las voces interiores y Los rayos y las sombras*. Es nombrado caballero de la Legión de Honor. En 1841 ya es miembro de la Academia y en 1845 sirve como Par de Francia. Es miembro de la Asamblea Constituyente de 1848, y cuando Luis Napoleón da el golpe de Estado en 1851, sale exiliado hacia Bélgica, donde publica *Napoleón el Pequeño*. Su obra monumental es el poema narrativo *La leyenda de los siglos*, pero su novela *Los Miserables,* de 1862, es su obra más difundida. Después vendrían otras muchas, como *Los trabajadores del mar*. Cuando Hugo muere en París el 22 de mayo de 1885, ya es un símbolo nacional y su féretro es expuesto bajo el Arco de Triunfo.

Alexander von Humboldt

Federico Enrique Alejandro Humboldt, diplomático, científico e investigador alemán, nace en Berlín el 14 de septiembre de 1769. Estudia en Francfort del Order y en Berlín. Fundador de la climatología, de la morfología terrestre, de la geografía de las plantas y de la oceánica, Humboldt es un naturalista investigador que, con el francés Aimé Bonpland, realiza exploraciones en Cuba, México y América del Sur, durante cinco años desde 1799. En 1802 sube al Chimborazo y hace importantes descubrimientos, a una altura de 5810 metros, sobre Botánica, Zoología y Mineralogía. Logra que el guano del Perú sea conocido en Europa. Estudia las variaciones de la intensidad magnética. En la costa occidental sudamericana descubre lo que hoy se llama Corriente de Humboldt. Sus obras literarias son numerosas, como Viajes de las regiones equinocciales del Nuevo Continente, Visión de las cordilleras y monumentos de los pueblos indígenas de América y Consideraciones sobre la naturaleza. Su obra mayor, sin embargo, es Kosmos, donde describe y actualiza todos los avances logrados en las ciencias naturales. A Alexander von Humboldt se le llama en su época "El último hombre universal", y muere en Berlín el 6 de mayo de 1859.

Diego Hurtado de Mendoza

Nace en Granada en 1503. En este hombre convergen el militarismo, la literatura, el humanismo y la poesía. Es el primer marqués de Mondéjar, designado por Felipe II como Virrey de Aragón, pero pierde la confianza del monarca y es desterrado en Granada. Carlos I lo lanza por el camino de la diplomacia. El papa Julio III lo nombra Alférez Mayor de la Santa Iglesia Romana, y durante su estancia en Italia como embajador de su país estudia manuscritos árabes y griegos, que después colecciona y acaba donándolos al monasterio de El Escorial. Llega a dominar no sólo esas lenguas, sino también el latín. Es también embajador de España en Inglaterra de 1537 al 38, y en Austria, de 1539 al 47. Entre sus magníficas obras se destacan las *Epístolas, Elegías y Sonetos* y también *Historia de la Guerra de Granada,* publicada en 1627. Vive en pleno Siglo de Oro de la literatura española, y en su ascendencia sobresale la alta figura de Iñigo López de Mendoza, marqués de Santillana. Muere en Madrid en 1575.

I

Juana de Ibarbourou

El 8 de marzo de 1895 nace la poetisa Juana Fernández Morales en la ciudad de Melo, Cerro Largo, Uruguay. Al casarse en 1915 con el capitán Lucas Ibarbourou, con quien tiene un hijo, Julio César, asume el nombre de Juana de Ibarbourou. Publica su primer libro, *Las lenguas de diamante*, en 1919, y le siguen *El cántaro fresco* en 1920 y *Raíz salvaje* en 1922. El 10 de agosto de 1929, en el Palacio Legislativo de Montevideo, es nombrada Juana de América. En 1930 publica *La rosa de los vientos*, y en 1934 *Los loores de Nuestra Señora* y *Estampas de la Biblia*. Enviuda el 13 de enero de 1942, y cinco años después ingresa como miembro de número de la Academia de Letras de Uruguay. Hace una escuela poética de la honda melancolía. Pública *Pérdida* en 1950, y la Unión de Mujeres Americanas de Nueva York la designa Mujer de las Américas en 1953. Otros libros suyos son *Azor*, 1953; *Romances del destino* 1955 y *Oro y tormenta*, 1956. Entre otros muchos premios recibe la Medalla de Oro de Pizarro, Perú; Orden del Cóndor de los Andes, Bolivia; Orden Crucero del Sur, Brasil y Cruz de Comendador, Bélgica. Juana de Ibarbourou muere en Montevideo el 14 de julio de 1979.

Pedro Infante

Nace la estrella del cine mexicano Pedro Infante Cruz en Mazatlán, Sinaloa, el 18 de noviembre de 1917. Su primer oficio es el de carpintero, pero a los 17 años se decide por la música. Empieza a popularizarse en distintas emisoras radiales, acompañando su bella voz con guitarra. En el vestíbulo del hotel Reforma conoce al productor Ismael Rodríguez, quien lo lanza a su primera película, *Escándalo de estrellas*, en 1944. Se multiplican sus filmes y se convierte en el ídolo más idolatrado de México, encarnando al hombre valiente que al mismo tiempo se rinde de ternura ante unos ojos de mujer. Su principal distracción es pilotar sus propios aviones. Entre sus 61 películas se destacan *Escuela de rateros*, *La tercera palabra*, *Escuela de música*, *El mil amores*, *Un rincón cerca del cielo*, *Ahí viene Martín Corona*, *Necesito dinero*, *Nosotros los pobres*, *Ustedes los ricos*, *Cuando lloran los valientes* y *Sobre las olas*, en la que interpreta la vida del músico mexicano Juventino Rosas. En 1957 gana el Oso de Oro del Festival de Berlín. Muchos lo llaman el Ídolo de Guamúchil, y en los momentos en que su fama es mayor, Pedro Infante muere cuando se estrella en uno de sus aviones en la ciudad de Mérida, el 15 de abril de 1957.

Washington Irving

El historiador e hispanista Washington Irving nace en Nueva York el 3 de abril de 1783. Al poco tiempo de nacido, una criada ve a George Washington a caballo y le enseña a su pequeño tocayo. El general le toca la cabeza y dice: "¡Que Dios me lo bendiga!" Y Dios lo bendijo. Irving se convierte en abogado, comerciante y soldado. Después se dedica a escribir en un periódico familiar, en 1809 publica *Historia de Nueva York,* y diez años después, con *El libro de los bocetos,* su fama recorre el mundo. En un segundo viaje a Europa permanece en el Viejo Continente durante varios años. Es agregado diplomático y representante de Estados Unidos en España. Allí escribe *Vida y viajes de Cristóbal Colón* y un segundo libro que completa su obra colombina: *Descubrimientos de los compañeros de Colón.* También se deben a su pluma *Cuentos de la Alhambra, Crónicas de la conquista de Granada, Cuentos de un viajero* y bocetos sobre la vida de los ingleses. Es reconocido como el primer gran literato estadounidense. Elegante y satírico, cultiva la poesía y la pintura. Washington Irving muere en Sunnyside, cerca de Nueva York, el 28 de noviembre de 1859.

Isabel I de España

La reina de España Isabel I, la Católica, nace en Madrigal de las Altas Torres, Ávila, el 22 de abril de 1451. Es hija de Juan II y de Isabel de Portugal, y es hermana de Enrique IV, rey de Castilla. A los 17 años de edad le ofrecen el trono, pero ella lo rechaza, porque todavía el Rey vive, y la reconoce como Princesa de Asturias. En 1469 se casa con Fernando de Aragón, y Enrique IV, disgustado con esa boda, nombra nuevamente Princesa de Asturias a su hija Juana, llamada la Beltraneja. Al Morir el Rey en 1474, Isabel y Fernando son proclamados Reyes de Castilla, y el país queda amenazado por una guerra civil. Los problemas de la corte se resuelven mediante la Concordia de Segovia de 1475, cuando el matrimonio se divide el Gobierno, para que Isabel reine en Castilla y Fernando reine en Aragón. Isabel se destaca por la fuerza de su carácter y su sabiduría, pero también por su sensatez. La conquista de Granada se debe a su participación, y es visionaria cuando apoya a Cristóbal Colón, lo que propicia el Descubrimiento. Isabel la Católica ama a América y a sus pobladores, y muere en Medina del Campo, Valladolid, el 26 de noviembre de 1504, dejando a España con un futuro pleno de independencia y seguridad.

J

Enrique Jardiel Poncela

El escritor y humorista español, Enrique Jardiel Poncela, nace en Madrid el 15 de julio de 1901. Sus primeras incursiones en las letras las realiza en el diario *La Correspondencia de España* y su primera novela es *El plano* astral, a la que siguen otras novelas policíacas breves y de misterio. En 1923 se aparta del periodismo y comienza a escribir novelas humorísticas, entre las que resaltan *¡Espérame en Siberia, vida mía!, Amor se escribe sin hache, ¿Pero hubo alguna vez once mil vírgenes?, La aventura del metro, La tournée de Dios, Libro del convaleciente,* y varias obras breves bajo el título de *Pirulís de La Habana*. Jardiel Poncela crea una compañía de teatro y viaja a Argentina, con la vista puesta en el teatro cómico de Buenos Aires, pero no logra triunfar con sus obras y regresa a su país, donde también pierde popularidad. Sin embargo, escribe muchas obras de teatro y se han hecho famosas, entre otras, *Usted tiene ojos de mujer fatal, Un marido de ida y vuelta, Los ladrones somos gente honrada, Eloísa está debajo de un almendro* y la última de todas, *Los tigres escondidos en la alcoba*, presentada en 1949. Enrique Jardiel Poncela muere en Madrid el 18 de febrero de 1952.

Jenofonte

El rico ateniense Jenofonte nace en el año 430 a. de Cristo. Sócrates, su maestro, le salva la vida en la batalla de Delio. A los 30 años de edad se suma a la expedición griega que va en apoyo de Ciro el Joven cuando se enfrenta a Artajerjes. Ciro es vencido en Cunaxa y Jenofonte se pone al frente de la llamada por él Retirada de los Diez Mil, cuando dirige a los griegos hasta el Mar Negro, recorriendo con ellos alrededor de 4,000 kilómetros. Como historiador y filósofo, Jenofonte escribe *Apología de Sócrates, Economía y Ciropedia o Educación de Ciro y Anábasis*, que es la más famosa de sus obras, y relata la expedición de Ciro el Joven a Persia. También escribe *Las Helénicas*, que es una continuación de las páginas históricas escritas por Tucídides. Si en las letras Jenofonte se destaca como un gran expositor de la historia, también como militar da muestras de ser un excelente estratega. En el año 394 Jenofonte sirve a los espartanos en la batalla de Queronea, y después se retira a su casa de Elida, donde vive largos años con su esposa y sus dos hijos, Grylos y Diodoros. Pero en el año 370, tras la batalla de Luctra, tiene que abandonar su casa y se traslada a Corinto, donde este hombre honesto, modelo de rectitud, muere en el año 355 a. de Cristo.

Luis Mario

Juan Ramón Jiménez

El poeta de la Generación del 98, Juan Ramón Jiménez, nace en Moguer, Huelva, el 24 de diciembre de 1881. En 1990 va a Madrid invitado por Rubén Darío y Francisco Villaespesa. Es tratado por sus depresiones. Viaja a Francia, Suiza e Italia. Sus primeros libros son *Almas de violeta, Rimas de sombras, Baladas de primavera, Sonetos espirituales*... Rechaza un asiento de la Real Academia Española en 1910. En 1913 conoce a Zenobia Camprubí, traductora de Rabindranath Tagore, con quien se casa en 1916, y publica *Diario de un poeta recién casado*. Escribe una "poesía desnuda" y publica muchas obras: *Piedra y cielo, Presente, Ciego ante ciegos*, pero la más famosa es *Platero y yo*. Sirve como agregado cultural de su país en Washington. Vive en Cuba, Nueva York y Coral Gables, Florida. Publica *Romances de Coral Gables* y *Animal de fondo*. En 1948 dicta conferencias en Argentina y es honrado por el Senado de Uruguay. Zenobia y Juan Ramón se mudan a Puerto Rico, y él da clases en la Universidad. El poeta gana el Premio Nobel de Literatura en 1956, y tres días después, el 28 de octubre, muere Zenobia. Juan Ramón Jiménez se aleja de todo, y muere el 29 de mayo de 1958.

Lyndon B. Johnson

El presidente trigésimo sexto de Estados Unidos, Lyndon Bines Johnson, nace cerca de Stonewal, Texas, el 27 de agosto de 1908. En la escuela secundaria de Houston se destaca como profesor de oratoria, pero es en 1931 cuando incursiona en la política, por el Partido Demócrata, y es elegido representante federal, de 1937 al 48. Es condecorado por su participación en la Segunda Guerra Mundial y dos veces lo eligen senador, cargo que ocupa desde 1948, hasta llegar a la vicepresidencia en 1960, como compañero de boleta del presidente John F. Kennedy. Al ser asesinado Kennedy en 1963, jura como nuevo presidente, y es elegido para el mismo cargo al año siguiente. Sus planes son basados en "La Gran Sociedad", y en 1964 crea la *Economic Opportunity Act* (Ley Contra la Pobreza). Ante la Estatua de la Libertad, les abre las puertas de EE.UU. a los cubanos, en los vuelos Varadero Miami. Firma la Ley de los Derechos Civiles. Se ve obligado a suspender los bombardeos sobre el Viet Nam comunista el 31 de marzo de 1968, y renuncia a aspirar a la reelección. Johnson se retira de la vida pública tras entregarle la presidencia al ganador republicano, Richard Nixon, y escribe sus memorias, hasta que muere en San Antonio, Texas, el 22 de enero de 1973.

K

Helen Keller

Esta escritora estadounidense, Helen Adams Keller, nace en Alabama el 27 de junio de 1880. Una enfermedad la deja sorda y ciega a los 18 meses de edad, pero su grandeza espiritual, aparejada a sus ansias por vivir, hacen de ella uno de los escritores más iluminados de su época. Las desventajas físicas parecen invencibles, pero su maestra Ana Sullivan, que la guía desde 1887 hasta 1936, hace el milagro de que aquella potencia intelectual cobre forma. De esa manera tan desventajosa Helen Keller logra convertirse en Doctora en Letras por la Universidad de Temple en 1931; Doctora en Medicina por la de Berlín en 1955 y Doctora en Leyes por la de Harvard también en 1955. Esta mujer excepcional llega a conocer perfectamente la lengua inglesa, la francesa y la alemana, amén de varios idiomas antiguos. En 1952 es condecorada en Francia con la Legión de Honor. Desde 1902 empieza su producción literaria con *Historia de mi vida*; al año siguiente, *Optimismo*, y sigue publicando obras como *Diario de Helena Keller* en 1938 y *Maestra* en 1955, que dedica a Ana Sullivan. La muerte le llega en Connecticut el día primero de junio de 1968.

INSPIRADORES

Johannes Kepler

El astrónomo alemán Johannes Kepler nace en Weil el 27 de diciembre de 1571. Realiza estudios en Tubinga donde es influido por la concepción heliocéntrica de Copérnico. Hace relaciones con Galileo y en 1594 ejerce como profesor de Matemática y Astronomía en la Universidad de Graz. En 1601 sucede a Tycho Brahe como matemático en la Corte de Praga. Logra completar y publicar las *Tablas rudolfinas* de Brahe. Escribe obras sobre matemáticas y se convierte en uno de los creadores de la astronomía moderna, amén de anunciar las tres leyes del movimiento de los planetas: 1.- Las órbitas planetarias son eclipses en las que el Sol ocupa uno de los focos. 2.- Las áreas descritas por los radios vectores son proporcionales a los tiempos empleados en recorrerlas. Y 3.- Los cuadrados de los tiempos de las revoluciones planetarias son proporcionales a los cubos de los ejes mayores de las órbitas. Esas conclusiones convierten a Kepler en uno de los grandes astrónomos de la humanidad. Se transforma en místico, astrólogo y científico cuando publica *Misterio Cosmográfico* en 1596, y escribe, además de otras obras, *Mundo Harmónico* en 1619. Johannes Kepler muere en Ratisbona, Alemania, el 15 de noviembre de 1630.

Luis Mario

Martin Luther King

El líder pacífico de los derechos civiles de los negros en EE.UU., Martin Luther King, Jr., nace en Atlanta el 15 de enero de 1929. Se casa en 1953 con Coretta Scott y tiene cuatro hijos. Pastor bautista, se gradúa de Doctor en Filosofía del Boston College en 1955. Recorre su país varias veces ofreciendo conferencias sobre la integración. En su casa en Alabama estallan una bomba. Es arrestado quince veces y en 1959 viaja a la India, donde hace de Mahatma Gandhi un modelo de su propia lucha. Su discurso "Yo tuve un sueño..." es una hermosa pieza de humilde redención. King Escribe varios libros, como *El poder del amor* y *¿Por qué no podemos esperar?*, y logra un exitoso boicot de 382 días contra el racismo en los ómnibus de Montgomery. El 28 de agosto de 1963 reúne a 200 mil personas en una marcha sin violencia a Washington, y en 1966 gana el Premio Nobel de la Paz. Martin Luther King muere asesinado por James Earl Ray, un prófugo que le dispara en Memphis, Tennesseee, el 4 de abril de 1968, y que es condenado a 99 años de cárcel. Desde 1986, el tercer lunes de cada mes de enero es fiesta nacional, por los Derechos Civiles de los negros, gracias a Martin Luther King.

INSPIRADORES

Rudyard Kipling

Este poeta y escritor inglés nace en Bombay, India, el 30 de diciembre de 1865. Entre 1882 y 1889 se dedica al periodismo en su país natal. Publica colecciones de cuentos. Sus obras poéticas incluyen las traducidas al español con los siguientes títulos: *El libro de las tierras vírgenes, El libro de la selva o El libro de la jungla,* que se consideran lo más importante de su producción literaria. Kipling es elegido Rector de la Universidad de Saint Andrews, y es Doctor Honoris Causa de las universidades de París, Estrasburgo, Mac Gill, Durham, Oxford, Caambridge y Edimburgo. Obtiene el Premio Nobel de Literatura en 1907, y en 1926 la Medalla de Oro de la Sociedad Real de Literatura británica. Pierde a su único hijo durante la Primera Guerra Mundial. Por sus muchas obras se le conoce como el Cantor del Imperio. Entre lo más variado y celebrado resalta el libro *Recompensas y hadas.* Kipling fue un gran observador y en sus novelas se denota una vigorosa fuerza descriptiva. Uno de sus trabajos maestros es *Kim,* escrito en 1901, inspirado en las aventuras de un muchacho en la India. Rudyard Kipling muere gloriosamente en Londres, el 18 de enero de 1936, y sus cenizas reposan en la Abadía de Westminster.

L

Pierre Simón de Laplace

El físico, matemático y astrónomo francés, Pierre Simón de Laplace, nace en Beaumont-en-Auge, Normandía, el 23 de marzo de 1749. Logra estudiar por la generosidad de algunos amigos y desde muy joven es profesor de Matemáticas. Estudia la gravitación universal con los movimientos de astros y planetas y demuestra la estabilidad del sistema solar. Publica cinco tomos del *Tratado de mecánica celeste* además de *Exposición del sistema del mundo*. Lo nombran miembro de la Academia de las Ciencias de París en 1785 y, perteneciente a la Comisión de Pesos y Medidas, contribuye a crear el sistema métrico. Napoleón lo designa ministro del Interior y lo nombra Conde, y funge como senador desde 1799. En 1816 lo eligen miembro de la Academia Francesa de la Lengua y al año siguiente Luis XVIII le otorga el título de Marqués. Con su *Teoría analítica* formaliza el cálculo de probabilidades. Funda la Sociedad de Arcueil para ayudar a los jóvenes que estudian ciencias. Publica tres volúmenes con sus memorias y estudia los fenómenos aleatorios. Pierre Simón marqués de Laplace muere en Arcueil, Francia, el 5 de marzo de 1827.

INSPIRADORES
Libertad Lamarque

La Novia de América, Libertad Lamarque, nace en Santa Fe, Argentina, el 24 de noviembre de 1908. En 1926 debuta como cantante en Buenos Aires, con los tangos "Íntima" y "Déjalo", y en la obra del género chico "La muchacha de Montmartre", de José Saldías. Aparece en Radio Prieto y la RCA Victor le paga 300 pesos por cada disco que graba, el primero data del 26 de septiembre de 1926: "Gaucho Sol". Se casa con Emilio Romero y tiene una hija que nace en 1928. Se divorcia y más tarde se casa con el pianista Alfredo Malerba. Gana un concurso en el Teatro Colón, y en 1931 ya es la cantante de tangos número uno. Triunfa en el cine con "Ayúdame a vivir", "Besos brujos", "Madreselva" y otras muchas películas. Filmando "La cabalgata del circo" discute con la actriz Eva Duarte, ya favorita de Juan Domingo Perón, y tiene que emigrar hacia México, donde debuta en 1947 con la cinta "Gran Casino", dirigida por Luis Buñuel. Se hace mundialmente famosa con sus giras, grabaciones de más de 400 temas y numerosas películas. Sus últimos años los vive en Miami, Florida, y muere en México el 12 de diciembre del año 2000, a los 92 años de edad, mientras trabajaba en la telenovela "Carita de ángel", de Televisa, con la cantante Thalía.

Alfonso de Lamartine

El poeta y político francés Alfonso María Luis de Lamartine nace en Maçon el primer día de octubre de 1790. Estudia en el colegio religioso de Belley. Contrario a Napoleón Bonaparte, se une a los Guardias de Corps, pero el Emperador regresa en 1815, y en los llamados Cien Días el poeta es relegado a la diplomacia. En 1817 vive en Milly, entregado a la vida campestre. Amante de la esposa de un médico, Julie Charles, se desborda en líricos poemas cuando ella muere en 1817. En 1820 se casa con Marianne Birch, y un año después trabaja como secretario en la Embajada en Nápoles. Escribe su primer libro de versos, *Meditaciones Poéticas*. Vive cinco años en Florencia y escribe *Armonías poéticas y religiosas, Jocelyn* y muchos libros más. Viaja a Beirut donde muere su pequeña hija Julia. Escribe *La caída de un ángel*. Lamartine es elegido diputado en 1839 y en 1847 exalta la democracia con su obra *Historia de los girondinos*. Con la revolución de 1848 dirige el gobierno provisional, pero es derrotado por Luis Napoleón. El poeta se retira entonces a una vida de pobreza acosado por las deudas. Alfonso de Lamartine se despide de la Poesía con *La viña y la casa*, y muere en París el 28 de febrero de 1869.

Luis Landa Escober

El educador hondureño Luis Landa Escober nace en el departamento de Francisco Morazán el 28 de diciembre de 1875. Realiza estudios secundarios en Tegucigalpa y recibe una beca del Gobierno chileno, país donde obtiene el Diploma de Profesor de Estado en Ciencias Físicas y Naturales de la Universidad de Santiago de Chile. De regreso a Honduras es nombrado Inspector de Instrucción Primaria en Comayagua, dirige el Colegio León Alvarado y después la Escuela de Varones No. 1. En 1915 es invitado al Congreso Científico Panamericano en Washington, y en 1919 se casa con la profesora Ernestina Zúñiga. Ejerce como catedrático en el Instituto Nacional, la Academia Militar y en las escuelas normales de varones y de señoritas. Sirve a su país como Director General de Enseñanza Primaria, Subsecretario de Educación Pública, Tesorero General de Instrucción Pública, Diputado a la Asamblea Nacional Legislativa, Asesor Jurídico del Ministerio de Educación Pública y miembro del Tribunal Superior de Cuentas. El Congreso Nacional lo declara Maestro Consagrado y Apóstol de la Ciencia. Recibe honores nacionales e internacionales y publica notables obras didácticas. Luis Landa Escober muere en Tegucigalpa en 1977.

Mario Lanza

Alfred Arnold Cocozza, el gran tenor conocido como Mario Lanza, nace en Filadelfia el 31 de enero de 1921. Hijo de inmigrantes italianos, estudia en la Escuela Musical de Berkshire, Massachussets. Comienza en la radio en 1942, y sigue triunfando sin dejar el servicio militar. En 1947 forma el Trío Bel Canto, con la soprano Frances Yeen y el barítono George London, y presenta 84 conciertos alrededor de Canadá, Estados Unidos y México.Debuta con la ópera *Madame Butterfly,* de Puccini en el teatro Opera House de Nueva Orleáns, y firma un contrato por 7 años con la MGM. En 1949 filma su primera película: *Ese beso a medianoche,* y en 1951 se consagra con *El Gran Caruso.* Surgen otras películas exitosas como *Sé mi amor, Porque tú eres mía* y pone su voz en *El príncipe estudiante.* Filma con la MGM su última película en Estados Unidos: Serenata. Mario Lanza se muda entonces a Roma, y hace una gira de presentaciones por Europa, además de filmar algunas películas, como Las siete colinas de *Roma* y *Por primera vez.* Para el año de 1960, Mario Lanza firma numerosos contratos para cantar en África del Sur, Hungría y la URSS, pero exhausto y enfermo es ingresado en la clínica Valle Giulia de Roma, donde muere el 7 de octubre de 1959.

Agustín Lara

El músico poeta mexicano Agustín Lara Aguirre del Pino, nace en Ciudad de México el 30 de octubre de 1896. Su inclinación por la música tropieza con la oposición familiar. A los 13 años es pianista en un *Club de Señoras*, pero su padre lo pone en un colegio militar. Catorce años después trabaja en un cabaret, y una mujer lo hiere en el rostro. En 1929 se dedica a sus composiciones, y con ellas gana fama primero en su país, y después en todo el mundo. En 1939 se casa con Carmen Zozaya, y en 1945 con María Félix, que le inspira bellas canciones como "María bonita", "Aquel amor", "Noche de ronda"... Romántico poeta, hay muchas mujeres en su vida: Clarita Martínez, Yolanda Gazca, Vianey Lárraga, cuyo hijo adopta, y Rocío Durán, con quien se casa en España en 1965. Agustín Lara llega a ser Presidente Honorario Vitalicio de la Sociedad de Autores y Compositores de Música. Entre sus composiciones, más de 600, se destaca especialmente "Granada", por su gran lirismo, y también compone una opereta. Aparece en el cine en más de 20 películas y sus giras mundiales lo colman de gloria, a él y a México. Agustín Lara muere en Ciudad de México el 6 de noviembre de 1970.

Ernesto Lecuona

El músico cubano más internacional, Ernesto Lecuona, nace en Guanabacoa el 6 de agosto de 1895. Desde niño demuestra su gran precocidad. Hubert de Blank se encarga de su preparación, cuando en 1909 lo escucha acompañando al piano al barítono José de Urgellés. Una de sus más famosas obras es "La comparsa", escrita a los 17 años de edad. Comienza ofreciendo recitales con música de Chopin, Liszt, Dvorak y Grieg. En 1916 sale por primera vez al extranjero, y así empieza a recorrer el mundo, de un éxito en otro, pero regresando siempre a Cuba. En 1923 nace la Orquesta Sinfónica de La Habana, y la inaugura con Gonzalo Roig. Compone para el teatro lírico y su genialidad resalta en sus danzas negras que inician lo afrocubano. Funda la orquesta *Lecuona Cuban Boys*. Une lo popular a lo clásico. En sus conciertos toca su propia música, y en París, al escucharlo Maurice Ravel, exclama: "Esto es más que piano". Es objeto de múltiples homenajes durante toda su vida. El 16 de enero de 1960 se va de Cuba, y dice que no volverá mientras "esa gente" esté en el Gobierno. Y no vuelve. Málaga le regala una casa como gratitud por su "Malagueña", de la *Suite Andalucía*. Ernesto Lecuona muere en Santa Cruz de Tenerife el 29 de noviembre de 1963, y su tumba está en el cementerio de Westchester, en Nueva York.

Sinclair Lewis

El primer Premio Nobel de Literatura estadounidense, Sinclair Lewis, nace en Minnesota el 7 de febrero de 1885. Estudia en la Universidad y lo llaman "El Rojo" por el color de su pelo y por sus ideas políticas. Trabaja como cocinero de la colonia socialista en New Jersey. Se gana la vida después publicando versos y chistes en las revistas *Life* y *Puck*. Redacta en Washington la publicación *Volta Review* para profesores sordos, y fracasa en Panamá, a donde va a trabajar en la construcción del canal. Regresa a Estados Unidos y ejerce una amplia labor periodística en San Francisco. Dirige el Sindicato de Dueños de Periódicos y la editorial de George H. Doran. Desde 1916 se dedica a la literatura, y se casa con Grace Levinston Hegger. Publica varias novelas, pero la que le da fama es *Main Street (Calle Mayor)*. Se traslada a Europa y en Inglaterra escribe *Babbit*, que se publica en 1922, y le otorga una inmensa popularidad. En esa novela está a favor de Dios, la familia y el Gobierno, y el protagonista es conocido mundialmente como el ejemplo del hombre americano. En 1925 publica *Arrowsmith*, novela basada en recuerdos de la infancia. Le otorgan el Nobel en 1930, y en 1936 gana el Premio Pulitzer. Lewis Sinclair muere en Roma en 1951.

Luis Mario

Abraham Lincoln

El decimosexto presidente de Estados Unidos nace en una cabaña en Kentucky, el 12 de febrero de 1809. En 1830 se establece en Illinois y desempeña modestos empleos, como dependiente de una tienda y leñador. Abraham Lincoln es un autodidacto que comienza a estudiar la carrera de Derecho en sus horas de descanso, y llega a formar parte del cuerpo legislativo de Illinois. Se casa en 1842 con Mary Todd, y de 1847 hasta 1849 se convierte en representante al Congreso Federal. Se torna en un fuerte opositor a la guerra con México y se destaca por sus luchas contra la esclavitud. Es elegido Presidente de la República en 1861, y enfrenta la Guerra de Secesión. Lanza su proclama sobre la necesaria libertad de los esclavos. Tras la victoria de Gettysburg, afianza su gobierno del pueblo, por el pueblo y para el pueblo, y le inyecta su renovada fe al destino de la nación estadounidense. Reelegido presidente en 1865, ese mismo año un asesino lo hiere en un teatro en Washington, el 14 de abril, y muere al día siguiente. La guerra civil había terminado cinco días antes.

Charles Lindbergh

En Detroit, Michigan, nace Charles Augustus Lindbergh el 4 de febrero de 1902. Aviador del servicio de correos entre Chicago y Saint Louis, hace un vuelo solitario de 33 horas y media de Nueva York a París, entre el 20 y el 21 de mayo de 1927, con su monoplano "Spirit of St. Louis". Su hazaña es premiada con 25 mil dólares y el grado de Coronel de Aviación. Ese mismo año recorre 9 mil 500 millas, saliendo de Washington el 13 de diciembre hacia México, y recorriendo cinco ciudades de 14 países para terminar en La Habana. En 1932 un hijo de Lindbergh es secuestrado y asesinado. El secuestrador, Bruno R. Hauptmann, es condenado a muerte y surge la Ley de Lindbergh, para castigar ese delito. El ya famoso aviador se traslada con su familia a Inglaterra y después a Francia, donde colabora con el famoso médico Alexis Carrel. Se muda para Alemania en 1938, Hitler lo condecora y regresa a EE.UU. al año siguiente. Al estallar la Segunda Guerra Mundial, Lindbergh aboga por la neutralidad estadounidense, el presidente Franklin D. Roosevelt lo critica, y él renuncia al cargo de Coronel del Ejército del Aire, pero ante el ataque japonés a Pearl Harbour, reconsidera su actitud. Escribe varios libros y gana el premio Pulitzer en 1954 con The Spirit of Saint Louis, nombre de su monoplano del viaje a París en 1927. Su esposa, Anne S. Morrow, también escritora, lo acompaña en su gran vuelo por cinco continentes. Lindbergh muere en Kipahulu, Hawai, el 26 de agosto de 1974.

John Locke

El filósofo y político, padre del empirismo inglés, John Locke, nace en Wrington, Somester, el 29 de agosto de 1632. Cursa Humanidades en el Colegio Christ Church, de Oxford, y estudia Medicina en Francia así como la filosofía racionalista del francés René Descartes. Emigra a Holanda en 1684 por problemas políticos, y sigue la doctrina del Empirismo de Francis Bacon. En la época feudal, Locke sueña con los derechos ciudadanos e individuales y la libertad religiosa. La Revolución Francesa se apoya en las ideas de este hombre así como en las raíces griegas, y va surgiendo el valor que representa la voluntad popular mediante el ejercicio de la democracia. Esa Democracia es definida por Locke en libros como *Ensayo acerca del conocimiento humano, Cartas sobre la tolerancia* y *Tratado sobre el gobierno civil*, inspirados en la soberanía política apoyada por el Parlamento. También escribe *La racionalidad del cristianismo*, y estudios relacionados con la educación. Influye en el pensamiento social y político del Siglo XVIII, y el liberalismo surge de sus ideas sobre economía. John Locke muere en Dates, Essex, el 28 de octubre de 1704.

Antonio Lorda

El médico cubano Antonio Lorda nace en Santa Clara el 11 de febrero de 1845. De niño es llevado a Francia, estudia Medicina en Burdeos y se gradúa de médico en París a los 19 años de edad. Pero no se olvida de Cuba y regresa para ejercer la Medicina en su patria. En octubre de 1868 se entera del comienzo de la guerra de Carlos Manuel de Céspedes el día 10, y empieza a conspirar en Santa Clara, donde forma con otros patriotas una Junta Revolucionaria. Viaja a La Habana para conocer a un luchador por la libertad, José Morales Lemus, y sus actividades ponen su vida en peligro. El 7 de febrero de 1869, miles de villaclareños se lanzan a pelear al monte, y Lorda propone invadir la zona matancera de Colón, pero la decisión final es ir a Oriente, a entrevistarse con Céspedes. Lorda es nombrado representante de la Asamblea Constituyente de la República en Armas, y después representante a la Cámara. Antonio Zambrana lo llama "Diputado Modelo". Por su valentía y dedicación a la causa de la independencia, Céspedes lo nombra Secretario de la Guerra. Antonio Lorda cae enfermo en el campo de batalla y, rodeado de patriotas hambrientos y cansados, en una noche de tormenta, en pleno campo, muere el 16 de mayo de 1870.

Joe Louis

El boxeador estadounidense Joseph Louis Barrow, conocido como Joe Louis, nace en Lafayette, Alabama el 13 de mayo de 1914. Tiene dos años de edad cuando muere su padre, y la familia va a vivir a Detroit. Empieza a boxear por comida en lugares ocultos, y ya el 4 de julio de 1934, vence a Jack Kraken por Ko, en Chicago. Con esa pelea gana 52 dólares, pero antes de 1935 ya gana $10,000 por pelea. Invicto con 28 encuentros, por primera vez pierde profesionalmente frente al alemán Max Schmelling, pero desde entonces todos son triunfos. Gana el sobrenombre de "Bombardero de Detroit". Al vencer a James Braddock el 22 de junio de 1937, se convierte en Campeón Mundial de los Pesos Completos, título que defiende con éxito 25 veces durante doce años. Surge una leyenda: "Cuando Joe Louis boxea, el país se detiene". Se retira del boxeo. Sirve a su país militarmente en la Segunda Guerra Mundial. Al volver al ring en 1950 es derrotado por el campeón Ezzard Charles. Gana entonces ocho combates para enfrentarse al nuevo campeón, Rocky Marciano, pero de nuevo es vencido. Su récord es de 71 peleas ganadas, 54 por Ko, y sólo pierde tres encuentros. Joe Louis, para muchos el campeón de boxeo más completo que ha existido, muere en Las Vegas, el 12 de abril de 1981.

Dulce María Loynaz

La poetisa y escritora cubana Dulce María Loynaz, nace en La Habana el 10 de diciembre de 1902. Es hija del general del Ejército Libertador Enrique Loynaz del Castillo. Doctora en Derecho Civil de la Universidad de La Habana.Viaja a Estados Unidos, México, Sudamérica y Europa, principalmente España. Colabora con periódicos habaneros: *El País, Excelsior, Diario de la Marina, El Mundo, Revista Cubana...* La Universidad de Salamanca la invita en 1953 al V centenario del nacimiento de los Reyes Católicos. Casada con el periodista Pablo Álvarez de Cañas, Dulce María Loynaz es miembro de la Academia Nacional de Artes y Letras en 1951, y de la Academia Cubana de la Lengua en 1959. Ejerce la aristocracia de la Poesía, pero ante la comunización de Cuba, se aparta de todas sus actividades. Sus libros son, entre otros, *Versos*, 1938; *Juegos de agua*, 1946; *Jardín*, 1951; *Poemas sin nombre*, 1953; *Obra lírica*, 1955; *Un verano en Tenerife* y *Últimos días de una casa*, 1958; *Bestiarium*, 1991; *Poemas náufragos* y *La novia de Lázaro*, 1992. Recibe la Orden de Alfonso X, el Sabio, Premio de Periodismo Isabel la Católica y, en 1992, el Miguel de Cervantes. Dulce María Loynaz muere en La Habana el 27 de abril de 1997.

Luis Mario

Torcuato Luca de Tena

Torcuato Luca de Tena Brunet nace en Madrid el 9 de junio de 1923. Licenciado en Leyes, ejerce como corresponsal de prensa en el Cercano Oriente, México, Londres y Washington. Dirige el diario ABC en dos períodos. En 1956 gana el Premio Nacional de Literatura por su reportaje *Embajador en el infierno,* sobre los prisioneros españoles en la Unión Soviética. Sus tres libros de poesía son *Albor*, 1941; *Espuma, nube y viento*, 1945 y *Poemas para después de muerto*, 1990. El 3 de junio de 1973 ingresa en la Real Academia Española, con su discurso "La literatura de testimonio en los albores de América". Gana el premio Fastenrath en 1971 por su comedia teatral *Hay una luz sobre la cama,* y publica sus memorias políticas *Papeles para la pequeña y gran historia* y *Franco sí, pero...* Sin embargo, lo mejor de su obra son sus novelas, con éxitos tan sonados como *Los renglones torcidos de Dios*, 1979. Otros libros son *Edad prohibida,* 1958; *La mujer de otro*, 1961, Premio Planeta; *La brújula loca,*1964; *Pepa Niebla*, 1970, Premio Ateneo de Sevilla; *Señor ex ministro,* 1976); *Escrito en las olas,* 1983; *Los hijos de la lluvia,*1985; *La llamada,*1994; *Las tribulaciones de una chica decente,* 1995; *Paisaje con muñeca rota; Primer y último amor,*1997; y *Mercedes, Mercedes,*1999. Torcuato Luca de Tena muere en Madrid el día primero de junio de 1999.

Leopoldo Lugones

El poeta y escritor argentino, Leopoldo Lugones Argüello, nace en Río Seco, Córdoba, el 13 de junio de 1874. Sin terminar el bachillerato, empieza a escribir con el seudónimo de Gil Paz. En 1892 dirige *El Pensamiento Libre*. Muy joven se casa con Juanita González, su musa eterna. En 1904 funda el primer centro socialista del país. En 1896 se traslada a Buenos Aires, donde es jefe del Archivo General de Correo y Telégrafos, y llega a ser jefe de Contralor e Inspección. Delegado del Congreso Científico viaja a Uruguay, y el Gobierno lo envía a Europa, en 1906, para investigar la Pedagogía. En París dirige la *Révue Sud-Américaine*, y conoce a Rubén Darío. Se afilia al catolicismo y se burla del marxismo desde las páginas de *La Nación*, en 1922. Viaja a Lima en 1924, al Centenario de Ayacucho y en 1924 gana el Premio Nacional de Literatura. Poeta y escritor excepcional, Lugones publica, entre otros muchos libros, *Las montañas del oro*, 1897; *Los crepúsculos del jardín*, 1905; *Lunario sentimental*, 1909; *Odas seculares*, 1910; *El libro fiel*, 1912; *Elogio de Leonardo*, 1925; *Poemas solariegos*, 1928 y *Romances de Río Seco*, 1938. Leopoldo Lugones se suicida en Buenos Aires el 19 de febrero de 1938.

José de la Luz y Caballero

El gran educador cubano José de la Luz y Caballero nace en La Habana el 11 de julio de 1800. Se inclina al sacerdocio, pero estudia leyes y se gradúa de abogado, carrera que nunca ejerce. Viaja por toda Europa y Estados Unidos y hace contacto con grandes figuras de su época como Goethe, Walter Scott, Longfellow y Humboldt. Habla el latín y casi todos los idiomas europeos. Funda la Academia de Literatura y dirige el Colegio de San Cristóbal, donde dicta un curso de Filosofía que es incorporado a la Universidad. Funda el Colegio El Salvador, del que salen grandes hombres como Ignacio Agramonte y Julio Sanguily. Escribe en periódicos, se destaca como orador y escribe documentos relacionados con la educación. La vida de Luz y Caballero es discreta, sosegada, de gran rectitud, profundamente religiosa. Jamás acepta puestos gubernamentales, porque su misión es educar a la juventud y formar hombres. Envuelto en una intriga lo acusan de conspirador, y él regresa de Europa, lo encarcelan, y cuando se presenta ante el tribunal, sale airoso solamente por su prestigio. José de la Luz y Caballero muere en La Habana el 22 de junio de 1862.

M

Antonio Maceo

Mulato irreductible, Titán de Bronce de una familia de redentores, Antonio Maceo nace en Santiago de Cuba el 14 de junio de 1845. En la Guerra de los Diez Años se une a Donato Mármol y sobresale por su arrojo y valentía. Al terminar la contienda, no se resigna al Pacto del Zanjón y lanza la protesta de los Mangos de Baraguá. Vuelve al destierro, y al iniciarse la Guerra de Independencia, se reúne con Máximo Gómez y José Martí en La Mejorana, y es designado Jefe del Ejército Invasor. Con 1403 hombres dirige audazmente la Invasión de Oriente a Occidente. Sale victorioso en múltiples batallas como las de Mal Tiempo y Coliseo. El Lugarteniente General combate denodadamente y se hace famoso su grito de ¡al machete! Con 200 hombres entra en La Habana. Ataca a Santa Cruz del Norte y Guanabacoa, y arriba a Pinar del Río. De regreso se lanza por mar y así burla la Trocha española de Mariel a Majana. Enfermo, se dirige a San Pedro, Punta Brava, y allí muere combatiendo por la libertad el 7 de diciembre de 1896. Máximo Gómez le dice en carta a la viuda María Cabrales de Maceo que había caído la figura más excelsa de la Revolución. El 7 de Diciembre es Día Nacional de Duelo para los cubanos.

Antonio Machado

Nace el poeta español Antonio Machado Ruiz en Sevilla, el 26 de julio de 1875. En 1883 la familia se traslada a Madrid. Estudia bachillerato en el Instituto de San Isidro. Publica poemas en la revista *Electra*. En 1902 trabaja en el consulado de Guatemala en París y conoce a Rubén Darío. Cinco años después viaja a Soria, en cuyo Instituto da clases. Publica *Soledades. Galerías. Otros poemas*. En 1909 se casa con Leonor Izquierdo, y ella muere el 1ro. de agosto de 1912. Machado es doctorado en Filosofía en 1918. Sus versos son pulcramente elegantes, profundamente emotivos, y colabora con muchas publicaciones, como *La Revista de Occidente*, de Ortega y Gasset, donde publica el *Cancionero apócrifo de Abel Martín*. Con su hermano Manuel escribe obras teatrales, y en 1927 es miembro de la Real Academia Española. En 1928 conoce a su gran amor secreto, Pilar de Valderrama (Guiomar). Publica por tercera vez sus *Poesías Completas* en 1933, y *Juan de Mairena* en 1936, año en que estalla la Guerra Civil el 18 de julio, y abraza la causa republicana. Antonio Machado va con su familia a Barcelona, y cruza a Francia, donde muere en Collioure el 22 de enero de 1939.

Alejandro Magno

Alejandro Magno nace en Grecia en el año 356 a.de C. Es hijo del rey macedonio Filipo II y de Olimpia, y es preparado intelectualmente por Aristóteles. A los 18 años de edad se destaca en la batalla de Queronea, dirigiendo la caballería frente a los tebanos. Sube al trono dos años después, al morir su padre, que había sido su maestro en las armas. Desde el principio de su reinado afronta grandes dificultades, pero vence a Iliria y Tracia y asume el cargo de General en Jefe de la liga panhelénica de Corinto. En 334 a.de C, al mando de 40 mil soldados, inicia la lucha contra Persia y, ya vencedor, conquista Licia, Panfilia y Pisidia, y en Gordio, capital de Frigia, corta el nudo gordiano, presagio de su dominio sobre Asia. Un año después, Alejandro derrota al rey de Persia, Darío III, para entrar en el Cercano Oriente y conquistar Siria, Tiro, Gaza, Israel y Egipto. Funda la ciudad de Alejandría en el delta del Nilo y domina el Mediterráneo oriental. Al convertirse en monarca de los persas, sueña con unir Oriente y Occidente, se casa con la princesa persa Roxana, y derrota en la India al rey Poros. Pero al regresar a Babilonia, muere enfermo a los 33 años de edad. Entonces, todo el imperio mundial conquistado por Alejandro Magno se desvanece.

Jorge Mañach

El político y ensayista cubano, Jorge Mañach Robato, nace en Sagua la Grande, Las Villas, el 14 de febrero de 1898. Estudia en las Escuelas Pías de Getafe en Madrid, en la Sorbona de País y es graduado en la Universidad de Harvard, Estados Unidos. Doctor en Leyes, Filosofía y Letras y académico de la Real Academia Española, escribe *La crisis de la alta cultura en Cuba, Indagación del choteo, El militarismo en Cuba, Historia y estilo, Examen del quijotismo* e incontables obras más. Dirige en Cuba la *revista de avance* de 1927 a 1930. Columnista de prensa, Mañach es parte central del llamado *Grupo Minorista*, y ejerce la crítica de arte y literatura. Durante el Gobierno dictatorial de Gerardo Machado integra la organización ABC. En el Gobierno de Carlos Mendieta es secretario de Educación. Funda los programas televisivos "Universidad del aire" y "Ante la Prensa". Gana el premio periodístico Justo de Lara. Es delegado de la Convención Constituyente de 1940. Publica la biografía *Martí, el Apóstol* en 1942. Al triunfo de la Revolución de 1959, Jorge Mañach regresa del exilio, pero al año siguiente vuelve a exiliarse en San Juan de Puerto Rico, donde muere el 25 de junio de 1961.

Jacques Maritain

Este filósofo convertido al catolicismo en 1906, Jacques Maritain, nace en París el 18 de noviembre de 1882. Escritor y diplomático, es profesor del Instituto Católico de París en 1914 y conferencista de la Universidad de Verano de Santander, España. Lo enseñado en esa época se publica en 1935 con el título de *Problemas espirituales y temporales de una nueva cristiandad*. A favor de la Resistencia, busca refugio en Canadá y en Estados Unidos y es Embajador de Francia ante la Santa Sede de 1945 a148. También ejerce el profesorado en las universidades de Princeton y Columbia, y en el Instituto de Estudios Medievales de Toronto. La obra orientadora de Maritain es inmensa, y en ella se destacan *La filosofía moral, Arte y escolástica, Distinguir para unir* y *Humanismo integral*. Maritain enalteció los valores del hombre y de la sociedad cristiana, y al morir su esposa y eterna compañera, la escritora y poetisa Raissa Oumancoff, ingresa al Convento de los Hermanos de Jesús, en Toulouse, donde sigue sus labores hasta su muerte, ocurrida el 29 de abril de 1973.

INSPIRADORES

José Martí

Nace en La Habana el 28 de enero de 1853. Sufre cárcel política a los 17 años, con trabajos forzados en las Canteras de San Lázaro. Es deportado a España donde publica "El presidio político en Cuba", y posteriormente completa su educación. Viaja a Francia, Guatemala, México. Se casa con Carmen Zayas-Bazán y nace su hijo. Al firmarse la Paz del Zanjón regresa a Cuba, conspira y en 1879 es deportado nuevamente. Viaja a Venezuela y los últimos quince años de su vida los pasa en Nueva York, donde organiza su llamada guerra necesaria. Ejerce el consulado de Argentina, Paraguay y Uruguay. Su obra se hace grandiosa tanto en la crítica artística como en el camino de la política, y escribe en La Nación, de Buenos Aires, y diversos periódicos continentales. Publica la revista *La Edad de Oro*, y sus libros *Ismaelillo* y *Versos sencillos*. En 1892 crea el Partido Revolucionario Cubano. Funda el periódico *Patria*. Pronuncia encendidos discursos. Condena al sistema socialista por propugnar el odio. Con el general dominicano Máximo Gómez redacta el Manifiesto de Montecristi. El 24 de febrero de 1895 comienza la Guerra de Independencia. Vuelve a Cuba, traza con Gómez y Antonio Maceo el proyecto de la Invasión, y el 19 de mayo muere combatiendo a caballo, de cara al sol, como había predicho, en Dos Ríos, Oriente. Había muerto el Apóstol de la Independencia. El poeta de la Libertad.

Groucho Marx

Julius Henry Marx, el más famoso de cinco hermanos en el mundo cinematográfico, conocido como Groucho Marx, nace en Nueva York el 2 de octubre de 1890. Sus hermanos son Leonard "Chico", (1887-1961); Adolpf "Harpo", (1888-1964); Milton "Gummo", (1897-1977); y Herbert "Zeppo", (1901-1979). Desde muy jóvenes los hermanos Marx trabajan en el teatro. Años después, la madre, Mina Schoenberg y una tía, Hannah, se unen al grupo de cómicos, pero después los hermanos continúan solos su ruta de éxitos. Su primera película es "Animal Crakers", en 1930. Siguen "Plumas de caballo" y "Sopa de ganso". Más tarde quedan solos Groucho, Chico y Harpo, que filman "Un día en las carreras", "Una tarde en el circo", "Los hermanos Marx en el Oeste", y otras películas hasta 1941. Desde 1930 Groucho publica libros, entre otros, *Camas, Many Happy Returns* y en 1959, su obra más simpática: *Groucho y yo*. Su último libro es *Las cartas de Groucho*, en 1967. El actor se casa tres veces, con Ruth Johstone, Kay Gorcey y Eden Hartford. En 1958 premian con un Emmy sus apariciones televisivas, y en 1974 le otorgan el tardío Oscar con que Hollywood honra a los no premiados. Groucho Marx muere en Los Ángeles el 19 de agosto de 1977.

Jorge Mas Canosa

El gran líder Jorge Mas Canosa nace en Santiago de Cuba el 21 de septiembre de 1939, donde estudia Leyes en la Universidad de Oriente y su padre lo envía a estudiar en Estados Unidos. Sufre persecución política desde muy joven con los gobiernos de Fulgencio Batista y de Fidel Castro. Se exilia en Miami y trabaja como lechero. Se integra a la Brigada 2506. Tras el fracaso de Bahía de Cochinos regresa a Estados Unidos y se gradúa como Segundo Teniente del Ejército. Se casa en Miami con Irma Santos. Preside el Consejo de Administración de Mas Tec, compañía dedicada a las comunicaciones con ventas millonarias y más de 7000 empleados en el mundo. En 1981 funda y preside la Fundación Nacional Cubano-Americana, el organismo más influyente del exilio. Es un orador firme y elocuente. Recibe importantes premios por su lucha a favor de la democracia, y en 1991 es honrado por el Senado de Puerto Rico. Ejerce el cabildeo en Washington, consigue que se apruebe la Ley Helms-Burton y hace contacto con diversos gobiernos a favor de la libertad de Cuba. Crea Radio y Televisión Martí, y Ronald Reagan lo designa para que presida la Junta Presidencial Asesora de Radiodifusión para Cuba. Jorge Mas Canosa muere en Miami el 23 de noviembre de 1997, y el exilio cubano se desborda en una inmensa manifestación de duelo

Bartolomé Masó

El patriota cubano Bartolomé Masó nace en Manzanillo el 21 de diciembre de 1830. Estudia en el Convento de Santo Domingo. Eleva su protesta viril cuando Narciso López muere en el garrote. Se une a Carlos Manuel de Céspedes el 10 de octubre de 1868, al comenzar la Guerra de los Diez Años. Lo declaran segundo jefe de la guerra y renuncia a favor del gran dominicano Luis Marcano. Participa de muchos encuentros librados en Jiguaní, Báguano, Rejondón y Bermeja. Llega a ser General de la Independencia y Vicepresidente de la República en armas. Al terminar la guerra con el armisticio del Zanjón, es enviado a España, pero regresa a Cuba, para proclamar la libertad y la independencia. Participa del nuevo movimiento de 1879, lo prenden y lo deportan a España. Viaja por Francia, Inglaterra, Italia y Suiza y regresa a Cuba. La guerra del 95 lo ve al frente de la batalla, y llega a Mayor General. Cuando se proclama la independencia, Masó es uno de los que más merece la presidencia de la República. En su lugar es elegido Tomás Estrada Palma, y él se retira triste y pobre a su hogar humilde en la Jagüita. Bartolomé Masó muere en Manzanillo el 14 de junio de 1907.

Elena Mederos

En La Habana, el 13 de enero de 1900, nace Elena Mederos. Se doctoró en la Escuela de Farmacia de la Universidad de La Habana. Desde 1928 trabaja activamente con la Federación Nacional de Mujeres, y participa en cinco conferencias, como Delegada de Cuba, en un programa de la Organización de Estados Americanos. Viaja mucho y logra, con otras feministas, que las mujeres puedan votar en Cuba desde1934. Preside el Lyceum de La Habana durante tres períodos. En el Patronato de Servicio Social, en 1938, presidido por Joaquín Añorga, ella es Vicepresidenta. Es profesora de la Escuela de Servicio Social de la Universidad de La Habana. El 4 de marzo de 1959 empeza a trabajar en el Ministerio de Bienestar Social, pero debido a su anticomunismo el propio Fidel Castro la separa del cargo el 12 de junio. Viuda desde 1954 del abogado Hilario González, sale de Cuba el 18 de septiembre de 1961, con su hija María Elena. Sigue colaborando con la Organización Internacional de las Naciones Unidas para Ayudar a la Niñez. Junto a Frank Calzón realiza una gran labor en "Of Human Rights", denunciando los maltratos a los presos políticos en Cuba. Elena Mederos muere en el exilio el 25 de septiembre de 1981.

Diego Medina

Diego Medina Hernández nace el 30 de octubre de 1931 en Zaza del Medio, Las Villas, Cuba. Se gradúa de Doctor en Medicina de la Universidad de La Habana en 1960. Lucha contra Fulgencio Batista desde las filas del II Frente del Escambray. Al triunfar la revolución y darse cuenta de que Fidel Castro intenta establecer otra dictadura, conspira desde el II Frente del Escambray como Coordinador Nacional en la clandestinidad. En marzo de 1962 se asila en la Embajada del Ecuador, y sale al exilio en 1963. Revalida su título de médico en la Universidad de Miami. Sigue luchando por la libertad desde la organización Alpha 66, como vicesecretario general y secretario de prensa. Crea y dirige programas radiales para Cuba y transmite primero clandestinamente desde los Everglades y después desde las emisoras Radio Miami International y Radio Mambí. Comprometido con la justicia social y los derechos civiles, quiere plena soberanía para Cuba con el solo apoyo de los cubanos. Intransigente, sostiene que sólo la fuerza puede derrotar a Castro. Diego Medina muere el 23 de julio de 1999 en Miami, Florida. Una sección de la Calle 2 del suroeste de Miami lleva el nombre de este médico, generoso con los humildes y patriota hasta su último aliento.

Ignacio Medrano

El ingeniero colombiano y luchador por la libertad de Cuba, Ignacio Medrano, nace en Bogotá el 24 de febrero de 1871. A los 21 años se gradúa de Ingeniero Civil y Militar en la Universidad de Santa Fe de Bogotá. Realiza estudios de posgrado en París y en Hamburgo. De regreso a su patria vía Nueva York, escucha a José Martí en uno de sus encendidos discursos, y le entrega cinco mil dólares para comprar provisiones y un cañón Hotchkiss, para el barco expedicionario "The Three Friends". Desde esa nave, ya como artillero de la Guerra de Independencia, Medrano dispara el único cañonazo naval por la libertad cubana. En la guerra es herido diez veces y por su valentía casi suicida alcanza el grado de Teniente Coronel. Tras la conquista de la independencia, se casa con Paulina Cervera, con quien tiene cuatro hijos: una fallecida prematuramente, además de María Estela, José Ignacio y Humberto Medrano. En tiempos de paz es ingeniero jefe de la fábrica de cementos El Morro en Cuba, construye el acueducto de Pinar del Río, e interviene en la edificación del Canal de Panamá. Se opone a las dictaduras en Cuba y, exiliado del comunismo, Ignacio Medrano muere en Miami el 6 de junio de 1968.

LUIS MARIO

Félix Mendelssohn

El músico alemán del romanticismo europeo, Félix Mendelssohn, nace en Hamburgo el 3 de abril de 1809. Recibe una educación esmerada y es un niño genio concertista de piano desde muy joven. Es director musical de los conciertos del Gewandhaus de Leipzig en 1835, y entre sus cinco sinfonías sobresalen la *Escocesa* y la *Italiana*, entre sus óperas, *Las bodas de Camacho* y *El regreso del viaje*; y su obra *Sueño de una noche de verano* contiene la famosa "Marcha nupcial". También compone las oberturas *Mar en calma y próspero viaje, La gruta de Fingal, La bella melusina* y *Ruy Blas*, así como oratorios, conciertos con orquesta para piano y violín, preludios, sonatas y música de cámara. Otra de sus excelencias es su música coral y para órgano. Desde 1841 es director musical del reinado de Federico Guillermo IV de Prusia. Mendelssohn realiza giras artísticas por toda Europa, cosecha innumerables triunfos y, particularmente en Inglaterra, se hace acreedor de la admiración de la reina Victoria y el príncipe Alberto. Félix Mendelsshon muere en Leipzig el 4 de noviembre de 1847, dos meses después que su hermana favorita llamada Fanny.

José Jacinto Milanés

Nace el poeta cubano José Jacinto Milanés en Matanzas, el 16 de agosto de 1814. Desde los primeros grados escolares se advierte su inclinación por la poesía y la literatura. Obtiene una cultura clásica y desde niño estudia italiano, francés y latín, y cuando su maestro Guerra Betancourt se ausenta, él se queda como profesor de latín de sus condiscípulos. Siguiendo los vaivenes de su familia humilde, Milanés vive un tiempo en La Habana, pero regresa a Matanzas en 1833. Domingo del Monte comienza a orientarlo literariamente, y se publican sus primeros versos en *El Aguinaldo Habanero*. Publica en *El Álbum*, *El Yumurí* y otras revistas. En 1938 escribe la obra *El Conde Alarcos*, y es representada en La Habana. Escribe "El Mirón Cubano", poesía costumbrista. Trabaja en la Secretaría de la Empresa del Ferrocarril. En 1841, Milanés se enamora de su prima Isabel Ximeno, y rompe un compromiso de diez años con Dolores Rodríguez Valera. En 1843 se publican sus obras completas, y hasta 1846 se recoge en su casa. Su poema más famoso es "La fuga de la tórtola". Viaja con su hermano Federico a EE.UU. y Europa y regresa a Cuba en 1849. El rechazo de su prima le hace perder la razón en 1852, y así vive hasta 1863, cuando muere en Matanzas el 14 de noviembre.

Luis Mario

Glenn Miller

El día primero de marzo de 1904 nace en Iowa el músico estadounidense Glenn Miller. Estudia en la Universidad de Colorado, pero la música lo atrae, se hace un experto del trombón y trabaja en Denver con la banda de Boyd Senter. Después de tocar con muchas bandas, ingresa en la orquesta de Ben Pollack en 1927. En 1934 Miller ayuda a Ray Noble a formar su orquesta, pero en 1938 forma la suya propia, cuando el *jazz* es aceptado por toda la sociedad. Es la época en que se destacan como directores Benny Goodman y Glenn Miller, si bien él les impregna sentimiento a sus melodías, obsesionado por lograr un sonido diferente. El primer gran contrato le llega en 1939, con el famoso Glen Island Casino en Nueva York. Es la época de "Chattanooga Choo Choo", "String of Pearls", "Moonlight Serenade", y aparece en dos películas, *Sun Valley Serenade* en 1941 y *Orchestra Wives* al año siguiente. En octubre de 1942, Miller desarma su orquesta y sirve en la Fuerza Aérea de su país con el rango de capitán, y con una banda musical toca para los soldados. El 14 de diciembre de 1944 toma un avión hacia París, que nunca llega a su destino. En 1953, Jimmy Stewart interpreta su vida en la película *The Glenn Miller Story*, en español, *Música y lágrimas*.

INSPIRADORES

Francisco de Miranda

El patriota venezolano Francisco de Miranda nace en Caracas el 28 de marzo de 1750. Forma parte de Milicias Españolas en Argelia y Estados Unidos. En 1780 pelea por la independencia de ese último país. De 1785 a 1789, viaja a Alemania, Holanda, Rusia, Italia, Inglaterra, Grecia, Polonia y Dinamarca. En 1792, con el grado de Mariscal de Campo y General de Brigada, lucha a favor de la Revolución Francesa. En abril de 1806, arriba a las costas de Ocumare en su primera expedición, y en la segunda toca el puerto de Vela de Coro. En 1810 ayuda a la comisión formada por Bello, Bolívar y López Méndez en sus tratos con el gobierno inglés, y vuelve a Venezuela, a pelear por la independencia. El 5 de julio es uno de los firmantes del Acta de Independencia como Diputado al Congreso. Asume el mando del ejército en 1811, y al año siguiente se le nombra Dictador y Generalísimo de la República. En 1812 Francisco de Miranda capitula ante Domingo Monteverde, es encerrado en el castillo de las Siete Torres del Arsenal de La Carraca, en la ciudad de Cádiz, España, donde muere 15 de julio de 1816.

Luis Mario

Gabriela Mistral

Lucila Godoy Alcayaga, cuyo seudónimo es Gabriela Mistral, nace en Vicuña, Chile, el 7 de abril de 1889. Ejerce como maestra rural y recibe sus primeros premios literarios en los Juegos Florales de Santiago de Chile, en 1914, gracias a un amor de juventud que, al fracasar, se sublimiza en sus "Sonetos a la Muerte". Ejerce una magnífica labor de educadora no sólo en su patria, sino también en Estados Unidos y México. En este último país hace una notable labor de reorganización educacional junto a José Vasconcelos. Ejerce como catedrática en la Universidad de Columbia en 1930; en el Vassar College de Nueva York en 1931 y en la Universidad de Puerto Rico en 1933. Representa a Chile consularmente en España, Portugal, Italia y Brasil. Ejerce la Secretaría del Instituto de Cooperación Intelectual de la Sociedad de las Naciones. Recibe el Premio Nobel de Literatura en 1945. Entre los libros de esta alta poetisa chilena, se destacan *Desolación, Ternura, Vida de San Francisco de Asís, Lecturas para mujeres, Lagar, Cantando a Chile, Tala,* y *Rondas para niños*. Gabriela Mistral muere en el hospital general Hempstead, Nueva York, el 10 de enero de 1957, y en su máquina de escribir deja una proclama anticomunista que no logra terminar. La ONU le rinde un gran homenaje y su tumba es un monumento nacional en Vicuña, donde nació.

Bartolomé Mitre

El general, escritor y estadista Argentino, Bartolomé Mitre, nace en Buenos Aires el 26 de junio de 1821. Durante la dictadura de Juan M. de Rosas emigra a Uruguay, y participa en los dos sitios de Montevideo, donde obtiene los galones de teniente coronel. En Bolivia dirige el Colegio Militar. Se traslada a Perú y a Chile, y se une al ejército de su compatriota Justo José de Urquiza. Asciende a coronel durante el derrocamiento de Rosas. Opuesto a Urquiza, éste lo vence en Cepeda en 1859, aunque le devuelve la moneda en Pavón, en 1861. Es elegido presidente de la República en 1862. Dirige los Ejércitos de la Triple Alianza, durante la guerra contra Paraguay, que estalla durante su Gobierno. En 1870 funda el diario *La Nación*, que existe todavía. En 1872 es Embajador en Brasil. Aspira de nuevo a la presidencia en 1874, y Nicolás Avellaneda resulta ganador, contra quien se alza en armas, pero es vencido. Al margen de sus luchas políticas y militares, Bartolomé Mitre escribe novelas, libros sobre historia y sobresale como crítico. Entre sus obras se destacan *Historia de Belgrano y de la independencia argentina*, además de *Historia de San Martín y de la emancipación sudamericana*. Muere en Buenos Aires el 19 de enero de 1906.

Guillermo Moncada

Hijo de negros esclavos, nace Guillermo Moncada en Santiago de Cuba en 1838. Aprende a leer y escribir y trabaja como carpintero. Por su elevada estatura le dicen Guillermón. Cuando el 10 de octubre de 1868 comienza la Guerra de los Diez Años, se alza con otros cubanos y por su arrojo llega a ser capitán. Junto a Máximo Gómez ataca al poblado de Ti-Arriba, y Moncada es herido en el pecho. Después es nombrado comandante de la tropa del coronel Policarpo Pineda. Ante los desmanes que cometía el guerrillero Miguel Pérez y Céspedes, le escribe: "mi brazo de negro y mi corazón de cubano tienen fe en la victoria". Se enfrenta a él en lucha a muerte, cuerpo a cuerpo, lo vence y es ascendido a Teniente Coronel. Toma parte en las acciones de Báguano, Samá, Los Palos, El Capeyal y otras muchas, y vuelve a ser herido en la heroica batalla de El Naranjo, en Camagüey. Se une a Antonio Maceo hasta la Protesta de Baraguá. En la Guerra Chiquita de 1879, Moncada retorna a la pelea y, apresado, lo envían a España junto con Calixto García Iñiguez. Vuelve a Cuba y conspira, y dos días antes del comienzo de la Guerra de Independencia, el 22 de febrero de 1895, se lanza de nuevo al monte, pero ya está enfermo de tisis, y muere en la manigua redentora, en Joturito casi dos meses después, el 5 de abril.

Rita Montaner

La clásica y popular cantante cubana Rita Montaner nace en Guanabacoa, Habana, el 20 de agosto de 1900. Estudia piano desde los cuatro años, y a los diez pasa al Conservatorio Eduardo Peyrellade. El 10 de octubre de 1922 se inaugura con su voz la radio en Cuba. Actúa en diversos teatros y en el Payret, de La Habana, canta en la ópera *Madame Butterfly*, de Giacomo Puccini. También canta para la compañía neoyorquina Follies Schubert y graba discos para la Columbia con música de Ernesto Lecuona y Eliseo Grenet. Obtiene más éxitos en París y en España. En México filma su primera película: *La noche del pecado.* Va de gira a Argentina y de regreso a Cuba trabaja en las películas *Sucedió en La Habana* y *El romance del palmar*. Actúa en Venezuela, filma *Romance musical* y se convierte en primera figura del habanero Cabaret Tropicana. Más éxitos en Nueva York con la orquesta de Xavier Cugart. Filma *María la O, Angelitos negros, Negro es mi color, La única* y varias películas más, y gana en México el Trofeo Ariel. En 1956 protagoniza la ópera *La médium*, de Gian Carlo Menotti. Rita Montaner muere en La Habana el 17 de abril de 1958, tras recibir un gran homenaje de la TV cubana.

Gabriel Morales

El educador nicaragüense Gabriel Morales nace en Managua el 18 de marzo de 1819. De familia pobre, recibe su educación del sacerdote Santiago Mora. Tiene 19 años de edad cuando, ya dedicado a las letras, se funda la primera escuela pública en Managua, que se convertiría en capital del país en 1852. Morales da clases y educa a los niños para que sigan el sendero del bien, pero sólo empieza a cobrar por su trabajo durante el gobierno de Joaquín Chamorro Alfaro, en 1879. Indalecio Bravo, subprefecto de Managua, comprueba las altas facultades de aquel maestro que no tiene títulos, y sólo cuando es sometido a un examen y demuestra sus conocimientos, empieza a devengar un sueldo, tras cuatro décadas de enseñar gratuitamente. El salario más alto que cobra es de 30 pesos mensuales en 1887. Por su pasión de enseñar permanece soltero toda la vida, forjando el carácter de grandes hombres para su país, con su famosa asignatura "Lecciones de Moral Práctica". Este admirable educador muere el 10 de agosto de 1888, y sus ex alumnos agradecidos imprimen su biografía en la Tipografía Nacional, con el siguiente título: *Corona fúnebre del Maestro Gabriel Morales*.

Francisco Morazán

El general hondureño Francisco Morazán Quesada nace en Tegucigalpa el 3 de octubre de 1792. Jefe de Estado de su país, lo eligen Presidente de la Federación Centroamericana pero lo deponen en 1840. Ni Honduras ni Nicaragua aceptan su mando, que él conserva desde El Salvador. Se establece en Costa Rica gracias a la aceptación del dictador Braulio Carrillo. Conspira contra el propio Carrillo que, para salvarse, busca apoyo en Nueva Granada (Colombia). El general Villaseñor es enviado contra Morazán, pero ambos militares se ponen de acuerdo y derrocan a Carrillo, quien para evitar la guerra firma el "Pacto del Jocote", y Morazán asume como Jefe de Estado el 13 de abril de 1842. Costa Rica lo acepta con vítores, y él hace vigente la Constitución de 1824 y establece el servicio militar obligatorio, pero al insistir en volver a presidir la Unión Centroamericana, deja sin efecto la "Ley de Bases y Garantías" de Carrillo, y coloca a Costa Rica como parte de la Federación. En septiembre de 1842, los costarricenses se oponen a Francisco Morazán amparados por el general Antonio Pinto, lo capturan en Cartago y lo trasladan a San José, donde es fusilado el 15 de septiembre de 1842.

Benny Moré

Benny Moré, el Bárbaro del Ritmo, cuyo nombre era Bartolomé Maximiliano, nace en Santa Isabel de las Lajas, Las Villas, Cuba, el 24 de agosto de 1919. Toca la guitarra y canta desde niño. El famoso conjunto Matamoros lo acoge en 1945 y se presenta en la popular radioemisora 1010 (Mil Diez). En México Forma parte de la orquesta de Dámaso Pérez Prado, y graba discos con él además de películas. De nuevo en Cuba, Benny Moré ingresa en la orquesta de Mariano Mercerón. Canta en la RHC Cadena Azul y Radio Progreso. Vuelve a triunfar en México. Canta a dúo con Pedro Vargas. En 1953 se une a la orquesta de Bebo Valdés, hasta que funda su propia Banda Gigante y logra extraordinarios éxitos. Dirige su orquesta (su "tribu") con el movimiento de su cuerpo, algo nunca antes visto. Viaja por Panamá, Colombia, Brasil, Venezuela, Jamaica, Haití, Puerto Rico y Estados Unidos, donde canta en la entrega de los Oscar con la orquesta de Luis Alcaraz. Su voz está considerada como una de las mejores de Cuba. Su estilo es único. Ya enfermo, lamenta no haberse quedado en Venezuela. Benny Moré muere en el Hospital de Emergencias de La Habana el 19 de febrero de 1963.

INSPIRADORES

José María Morelos

José María Morelos y Pavón nace en Valladolid (hoy Morelia para honra suya), Michoacán, el 30 de septiembre de 1765. Su primer oficio es dedicarse a la agricultura. Estudia en el colegio San Nicolás, donde conoce al Cura Hidalgo, que es rector del centro, y lo enseña a luchar por la independencia de México. Es ordenado sacerdote en 1795 y lo nombran cura y juez eclesiástico. Construye una iglesia en Nircupétaro. Cuando los patriotas toman a Guanajuato, Morelos se presenta ante Hidalgo y éste lo nombra coronel. Al mando de 700 hombres sostiene batallas con los españoles al sur del país, hasta salir vencedor en Tixtla y en Chanta de la Sal e Izúcar. Se apodera de Oajaca y en 1812 toma a Acapulco para instalar el primer Congreso Nacional en Chilpancigo un año después, para el que escribió el documento "Sentimientos de la Nación". El Padre Morelos llega a reunir un ejército de 20 mil hombres, pero las tropas de Agustín Itúrbide lo vencen. Hecho prisionero por Matías Carrasco en Tezmalaca, es degradado como sacerdote y lo condenan a muerte por fusilamiento. José María Morelos es ejecutado el 22 de diciembre de 1815 en San Cristóbal Ecatepec.

Tomás Moro

Thomas More, conocido en español como Tomás Moro, nace en Cheapside, Inglaterra, el 7 de febrero de 1478 y llega a ser canciller de Inglaterra para los historiadores. A los 13 años es mensajero en la casa del Arzobispo de Canterbury. Lo envían a estudiar a Oxford. A los 22 años es Doctor en Abogacía y profesor. Vive cuatro años con los monjes cartujos, después se casa y tiene cuatro hijos. Se destaca, sobre todo, por su libro *Utopía*, que describe una república inexistente, donde todo es perfecto, pero que no va más allá de la imaginación. Moro traduce también los diálogos de Luciano, y escribe la vida de Eduardo VI y la de Ricardo III. Gana notoriedad como humanista y se destaca en el comercio además de ser jurisconsulto. Lo designan embajador en la corte francesa. En 1529 es nombrado ministro de Relaciones Exteriores. Hombre sabio y rico, intenta reformar pacíficamente la sociedad cristiana y la Iglesia Católica. Cuando Enrique VIII se divorcia para vivir con Ana Bolena, se niega a dar su aprobación, y es encarcelado 15 meses en la Torre de Londres. Tomás Moro se enfrenta a la muerte con buen humor, y pide un abrigo "para no resfriarse", cuando va a ser decapitado en Londres el 6 de julio de 1535. Fue canonizado cuatro siglos después, en 1935.

INSPIRADORES

Grandma Moses

Anna Mary Robertson, pintora estadounidense conocida como Grandma Moses, nace en Nueva York el 7 de septiembre de 1860. De ascendencia irlandesa, desde niña ejerce labores campesinas. Casada y con diez hijos, regresa a Nueva York en 1905, y es en 1938, a los 78 años de edad, cuando comienza a pintar. En 1939, el ingeniero y coleccionista de arte, Louis Clador, cruza por Hoosick Falls, y se impresiona al ver unos cuadros en una tienda. Se entera que la artista es una anciana, le hace una visita en Eagle Bridge y le compra todos sus cuadros. Hacia 1940, Clador organiza la "Exposición de una granjera" en Nueva York, y el éxito es fulminante. La famosa galería Gimbel hace una segunda exposición, y todos reclaman la presencia de la pintora, ya nombrada Grandma Moses, que ofrece una conferencia a un numeroso público. De esa manera esta mujer triunfa con su arte, y llega a ser conocida internacionalmente, porque sus cuadros se exhiben en los más importantes museos del mundo. Ella les da vida a escenas del campo que tanto conoció, con un estilo naïf de gran colorido, y en 1952 publica su autobiografía, Historia de mi vida, interpretada en el cine por Lilian Gish. Grandma Moses muere en Nueva York el 13 de diciembre de 1961.

Luis Mario

Wolfgang Amadeus Mozart

Juan Crisóstomo Wolfgang Amadeus Mozart nace en Salzburgo, Austria, el 27 de enero de 1756. Su padre, Leopoldo, es su mejor guía, y a los cuatro años ya compone minuetos. Sus primeras sonatas para violín datan de los siete años de edad. Su primer gran éxito es el estreno en Milán, en 1770, de su ópera *Mitridate ré di Ponto*. Triunfa, pero queda atrás la época del "niño prodigio". En Viena es nombrado compositor del emperador José II. Viaja por toda Europa. En 1781 presenta en Munich su ópera *Idomeneo*, un gran aporte al género. Ese mismo año va con toda su familia a Viena, pero el arzobispo Jerónimo Colloredo les ordena el regreso a Salzburgo. Mozart renuncia a prestar sus servicios a la corte, y sigue por su cuenta. En 1782 se casa con Constanza Weber con quien tiene dos hijos. Entre las 22 óperas de Mozart se destacan *Las bodas de Fígaro, Don Juan* y *La flauta mágica*. Su producción sobrepasa las 600 obras, con 52 sinfonías, 6 conciertos para violín y orquesta y 29 para piano. Un extraño le pide una Misa de Réquiem, que deja incompleta, y Mozart muere en Viena, en la extrema pobreza, el 5 de diciembre de 1791. Lo entierran en una tumba anónima. Gracias al alemán Köechel, la obra de este genio fue rescatada para la posteridad.

N

Imre Nagy

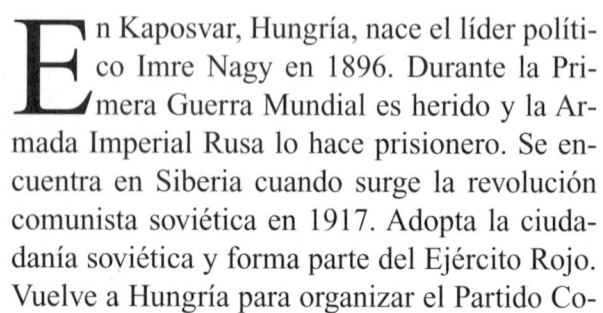

En Kaposvar, Hungría, nace el líder político Imre Nagy en 1896. Durante la Primera Guerra Mundial es herido y la Armada Imperial Rusa lo hace prisionero. Se encuentra en Siberia cuando surge la revolución comunista soviética en 1917. Adopta la ciudadanía soviética y forma parte del Ejército Rojo. Vuelve a Hungría para organizar el Partido Comunista en la clandestinidad, y es arrestado en 1927. Escapa hacia Moscú hasta que la URSS se apodera de Hungría en 1944, durante la Segunda Guerra Mundial. Imre Nagy sirve como ministro de Agricultura en su patria de nacimiento, y más tarde como ministro del Interior, pero se desilusiona de la opresión soviética. Llega a ser Jefe del Gobierno de 1953 a 1955 y, cuando el dictador José Stalin lo critica, es acusado de nacionalista y lo separan del poder. No obstante, vuelve a ocupar el Gobierno como Primer Ministro el 23 de octubre de 1956, ya considerado un héroe nacional. Hungría se alza contra los soviéticos y los sacan de Budapest, pero los países occidentales abandonan a los húngaros que luchan por la libertad, y los tanques rusos regresan y masacran a la población. Imre Nagy se refugia en la Embajada de Checoslovaquia, pero lo obligan a salir de allí, entonces los soviéticos lo apresan y lo asesinan el 17 de junio de 1958.

Amado Nervo

Amado Nervo, poeta del modernismo místico y erótico mexicano, nace en Tepic el 27 de agosto de 1870. Estudia en el seminario de Zamora y dos años la carrera de Derecho, que abandona para ayudar a su familia. Su primer libro es la novela corta *El Bachiller*, en 1895, pero el primero que publica es de poemas, *Perlas Negras*, en 1898. Escribe en *El Correo de la Tarde, El Mundo Ilustrado, El Nacional, El Imparcial* y otras publicaciones. Su obra *Consuelo* es representada en 1899. Conoce a París en 1900, al ser enviado como corresponsal, y el 31 de agosto de 1901 conoce a su gran amor, la francesa Ana Cecilia Luisa Dailliez, que al morir el 7 de enero de 1912, le inspira el libro *La amada inmóvil*, publicado póstumamente en 1920. Conoce a Paul Verlaine y Oscar Wilde pero, sobre todo, a Rubén Darío. Dirige la *Revista Moderna* y ejerce como profesor en la Escuela Nacional Preparatoria. En 1905 sirve como diplomático de la Legación de México en Madrid. Otros libros son *En voz baja, Juana de Asbaje, Serenidad, Elevación, Plenitud* y *El estanque de los lotos*. Nervo muere en Montevideo el 24 de mayo de 1919. Las armadas de Uruguay, Argentina y Cuba devuelven sus restos a México, y reposa en la Rotonda de los Hombres Ilustres.

Alfred Bernard Nobel

El ingeniero y químico sueco, Alfred Bernard Nobel, nace en Estocolmo el 21 de octubre de 1833. Vive en Estados Unidos en 1850 pero vuelve a estudiar a su ciudad natal en 1859, y trabaja con su padre, Manuel Nobel, en una fábrica de explosivos. En 1862 abre una fábrica de nitroglicerina, y se convierte en creador de esa industria. Tres años después abre otra fábrica similar en Krummel del Elba y otra más en Winterviken. Nobel logra perfeccionar la concentración del ácido sulfúrico, la destilación continua del petróleo y la pólvora sin humo. Descubre la dinamita y la introduce en América y Europa, abriendo 15 fábricas desde 1887. Sus inventos son pasos de avance de la industria mundial. En París, donde vive desde 1873, inventa la gelatina explosiva. En 1891, inmensamente rico, va a vivir a Italia. En 1895, Nobel dispone que las ganancias de su fortuna de 30 millones de coronas, se destinen a premiar a físicos, químicos y fisiólogos que aporten algo trascendental a la humanidad, y a escritores y luchadores por la paz. La Fundación Nobel empieza a otorgar los premios en 1901. Alfred Bernard Nobel muere en San Remo, Italia, el 10 de diciembre de 1896.

O

Bernardo O´Higgins

El libertador de Chile, Bernardo O'Higgins, nace en Chillán el 20 de agosto de 1778. Estudia en Europa y vuelve a su patria en 1802. En 1811 participa del primer Congreso Nacional representando a la ciudad de Concepción. Dos años después entra en combate contra soldados realistas, y reemplaza como jefe del ejército al dictador J. M. Carrera, que había sido destituido. Carrera vuelve al poder, y O'Higgins acepta su mando para poder luchar contra los realistas. Hace una gran resistencia en Rancagua, pero es derrotado, y en Mendoza se une al general José de San Martín, en la creación del Ejército de Los Andes. Tras la victoria de Chacabuco en 1817, un cabildo abierto nombra a O'Higgins Director Supremo. Jura la independencia de Chile el 12 de febrero de 1818, y es derrotado junto a San Martín en Cancha Rayada, donde resulta herido, pero el triunfo de San Martín en Maipú asegura la independencia de Chile. Entonces O'Higgins apoya a San Martín para la liberación de Perú. Una nueva Constitución en 1822 extiende el mandato de O'Higgins a diez años más, pero el Ejército del Sur se rebela, y él renuncia en 1823, se va exiliado a Perú y muere en Lima el 24 de octubre de 1842.

INSPIRADORES
Manuel Ortiz Guerrero

El malogrado poeta paraguayo Manuel Ortiz Guerrero nace en Villarrica del Espíritu Santo, Departamento del Guaira, el 17 de junio de 1897. Lo cría su abuela paterna Florencia Ortiz. Sus allegados lo llaman Manú, y es una especie de dirigente como estudiante, tanto en la secundaria como en el Colegio Nacional de Asunción. Les pone letras a canciones de José Asunción Flores y Ampelio Villalba, con preferencia a los guaraníes y a las polcas. Se destaca como orador y recitador y funda la revista *Órbita*. Publica la comedia *Eireté* en 1921; el libro de poemas *Surgente*, en 1922; la tragedia en tres actos *El crimen de Tintanilla*, en 1922 y el drama en cuatro actos La Conquista, en 1930. También publica *Pepitas* y *Nubes del Este.* Pero la vida deja de sonreírle porque desde sus 18 años padece de lepra y poco a poco se retira de la vida pública. Su pobreza es tal, que roba velas del cementerio para poder escribir sus versos de noche. Su poema más popular es "Endoso lírico", que le dedica a una dama devolviéndole dignamente una limosna no solicitada de cincuenta pesos. "…a pesar de juzgárseme indigente/ yo llevo un Potosí de oro viviente/ que pesa como un mundo: el corazón". Manuel Ortiz Guerrero muere cuando se libraba la guerra del Chaco con Bolivia, pobre y comido por su terrible enfermedad, el 8 de mayo de 1933.

Luis Mario

George Orwell

El ensayista y escritor británico Eric Arthur Blair, conocido como George Orwell, nace en Motihari, Bengala, India el 25 de junio de 1903. Abandona un cargo oficial de la policía británica en Birmania por su oposición al colonialismo y vive una temporada en Francia. Sus primeros libros son *Viviendo en la miseria en París y Londres* y *Días birmanos*. Asume una posición de izquierda, pelea en la Guerra Civil Española al lado de los republicanos, donde lo hieren gravemente, y entonces escribe su Homenaje a Cataluña. Debido a esa herida queda licenciado de participar en la Segunda Guerra Mundial, y empieza a escribir para la *BBC* de Londres, el *London Tribune* y otras publicaciones. Decepcionado de las izquierdas que asumen el totalitarismo político, escribe sus dos libros más famosos: *Rebelión en la granja*, en 1946, fábula del mundo animal que retrata al comunismo estalinista, y *Mil novecientos ochenta y cuatro*, en 1949, anticipo de lo que podía ser un mundo sin libertad en el futuro. También escribe los ensayos *Inglaterra, vuestra Inglaterra*. George Orwell muere en Londres, el 21 de enero de 1950.

P

Luis Mario

Pedro Bonifacio Palacios (Almafuerte)

El poeta argentino Pedro Bonifacio Palacios, Almafuerte, nace en San Justo, provincia de Buenos Aires, en 1854. Al morir su madre, el padre lo abandona y los familiares lo recogen siendo todavía un niño. Fracasan sus planes de recibir una beca para estudiar pintura en Europa y entonces, muy joven, dirige una escuela en Chacabuco. Después se dedica al periodismo, trabaja en La Plata con el diario *Buenos Aires*, dirige el periódico *El Tiempo*, el rotativo *La Nación* publica sus poemas y se transforma en un guía de la juventud. De 1894 a 1896, regresa a la docencia en la escuela de Trenque Lauquen, pero la política interviene y se queda sin empleo. Con todos sus logros, la poesía de Almafuerte peca de altisonante. Sus libros son dos: en La Plata publica *Lamentaciones*, en 1906, y *Evangélicas*, en Buenos Aires, en 1915. Posteriormente, en 1916, aparece un tomo titulado *Poesías*, y un año después se publican en Montevideo sus Poesías Completas, prologadas por Alberto Las Places. Además de los sonetos y otras formas clásicas, Almafuerte es recordado por poemas como "La sombra de la patria". Muere el 28 de febrero de 1917.

José Joaquín Palma

El poeta, periodista y patriota cubano José Joaquín Palma Lasso, luchador de la Guerra de los Diez Años al unirse a Carlos Manuel de Céspedes en 1868, nace en San Salvador de Bayamo el 11 de septiembre de 1844. Con Francisco Maceo Osorio funda en Bayamo el diario *La Regeneración*. Su esposa es Leonela del Castillo y Vázquez. Céspedes lo nombra director del periódico *El Cubano Libre*. Viaja a Nueva York en misión militar por la independencia de Cuba, y se traslada a Guatemala donde dirige la Biblioteca Nacional, y ejerce como catedrático de la Facultad de Derecho. Es el autor del Himno Nacional guatemalteco. Es secretario del presidente de Honduras, Marco Aurelio Soto, quien lo envía a Jamaica a ofrecerle a Máximo Gómez un cargo en el Ejército de ese país. Gana en Honduras medalla de oro por su poema sobre la "Exposición Universal". En Tegucigalpa publica en 1882 el libro *Poesías de J. Joaquín Palma*. Recibe elogios de José Martí. En el advenimiento de la República en 1902, es nombrado cónsul de Cuba en Guatemala, y ejerce ese cargo hasta el día de su muerte, ocurrida el 2 de agosto de 1911.

Ricardo Palma

El poeta, historiador, lingüista y político peruano, Ricardo Palma, nace en Lima el 7 de febrero de 1833. Recibe su educación en la Universidad de San Marcos del Rimac. Desterrado a Chile por sus colaboraciones con el periódico de Lima *El Diablo*, escribe en Valparaíso para *La Revista de Sud América*. Participa en el combate del Callao en 1865, y ejerce como Secretario de la Presidencia durante el Gobierno de José Balta (1868-72), y también sirve a su país como senador. Cuando la Biblioteca Nacional queda destruida por la Guerra del Pacífico, al entrar los chilenos en Lima, él se encarga de reconstruirla y la convierte en una de las mejores de Hispanoamérica. Funda y preside la Academia Peruana de la Lengua en 1887. La primera edición de sus *Tradiciones peruanas*, que se convertiría en una serie de títulos, se publica en 1872, y abre así el camino de su inmortalidad como escritor. Viaja a España en 1892 por el aniversario del Descubrimiento de América. Entre otros libros Ricardo Palma publica *Juvenilia, Armonías, Pasionarias, Anales de la Inquisición de Lima, Neologismos y americanismos, La bohemia de mi tiempo* y *Papeletas lexicográficas*. Ricardo Palma muere en Lima el 10 de junio de 1919.

INSPIRADORES

Emilia Pardo Bazán

La escritora, teatrista y crítica española Emilia Pardo Bazán nace en la Coruña el 16 de septiembre de 1851. De joven publica versos, y rechaza el piano para dedicarse a leer mientras estudia en un colegio francés. A los 17 años de edad se casa con José Quiroga. Se muda a Madrid y viaja por Europa, mientras aprende alemán e inglés. En 1876 gana un premio por un ensayo sobre Benito Jerónimo Feijoo. A su hijo Jaime le dedica el único libro de poesías que escribe. Su primera novela, *Pascual López,* llega con el nacimiento de una de sus dos hijas. En *La Epoca*, de Madrid, publica "un viaje de novios", con sus propias vivencias, y más tarde, *La cuestión palpitante*, que le cuesta el divorcio en 1884. Otra obra naturalista es *La Tribuna*. Emilia Pardo Bazán sostiene una relación amorosa con Benito Pérez Galdós, durante más de 20 años. Otros libros suyos son *Los pasos de Ulloa* y *La madre naturaleza*. Funda la revista *El Nuevo Teatro Crítico*, y preside la Sección de Literatura del Ateneo de Madrid, primera mujer que lo consigue. También es la primera en enseñar Literatura en la Universidad Central de Madrid. Emilia Pardo Bazán muere en Madrid el 12 de mayo de 1921.

Blas Pascal

Este matemático, físico y filósofo francés, Blas Pascal, nace en Clermont-Ferran el 19 de junio de 1623. Llevado por su padre a París, tiene apenas 15 años de edad cuando escribe el *Tratado de las secciones cósmicas,* y poco después crea una máquina para ayudar a su padre en las operaciones aritméticas. Comprueba las teorías del físico italiano Evangelista Torricelli, tomando las variaciones de las lecturas barométricas desde diferentes altitudes de la colina Puy-de-Dome. Pascal hace notables experimentos, tales como el desarrollo de las combinaciones además de descubrir las bases del cálculo de probabilidades y el peso de la masa del aire. La filosofía de Pascal es influida por los jansenistas. A los estudios de física de Pascal se debe también un tratado sobre el equilibrio de los líquidos y publica sus teorías sobre el vacío después de sus experimentos en Ruan. Crea la empresa de transportes colectivos y, al salvarse de morir en un accidente en 1654, decide dedicarse a la Teología. Critica el casuismo de los jesuitas y escribe sus *Cartas provinciales*, además de *Pensamientos*, proyecto de un libro que pensaba titular *Apología o defensa del Cristianismo*. Blas Pascal muere en París el 19 de agosto de 1662.

Octavio Paz

El gran pensador, polígrafo, poeta y ensayista Octavio Paz, nace en Ciudad de México el 31 de marzo de 1914. Doctor en Derecho de la Universidad Nacional de México, funda las revistas *Barandal, Taller, El Hijo Pródigo* y *Vuelta*. Estudia en EE.UU. por una beca de la Fundación Guggenheim en 1944. Es Enviado Extraordinario y Ministro Plenipotenciario de la Embajada de México en París, y Embajador de México en la India. Traduce al japonés Basho, al rumano Ionesco, al irlandés Yeats y a otros muchos poetas y literatos. Gana el Gran premio de Poesía de Bélgica en 1963; el Nacional de Literatura de su país en 1977; el Cervantes de las letras españolas en 1981; el Premio de la Paz de los libreros alemanes en 1984 y el Nobel de Literatura en 1990. Entre sus decenas de libros se destacan *Libertad bajo palabra, Águila o sol, El arco y la lira, Piedra de sol, Las peras del olmo, In/mediaciones, El laberinto de la soledad, Cuadrivio, Corriente alterna, El ogro filantrópico, El mono gramático, Los hijos del limo, Tiempo nublado, Árbol adentro* y *Sor Juana Inés de la Cruz o las trampas de la fe*. Octavio Paz desborda su talento pensante y crítico en bellísimos ensayos que son un canto a la libertad del hombre, y muere en Ciudad de México el 19 de abril de 1998.

Norman Vincent Peale

Este periodista, escritor y líder religioso, Norman Vincent Peale, nace en Bowersville, Ohio, el 31 de mayo de 1898, y su destino es renovar el espíritu del pueblo estadounidense después de la Segunda Guerra Mundial. Graduado de estudios teológicos de la Universidad de Boston, su labor de clérigo se hace patente con sus sermones, transmisión de programas por radio y televisión, artículos en periódicos y libros. Gana innumerables prosélitos, sobre todo al publicar en 1952 su libro *The Power of Positive Thinking*, cuyo título en español es *El poder del pensamiento tenaz*, del que se han vendido millones de ejemplares. Durante el Siglo XX, Peale se convierte en el clérigo más influyente de EE.UU. Se ordena como pastor en 1922 en la iglesia Metodista Episcopal, y sirve en los templos de Berkeley, Rhode Island, y en Brooklyn y Syracuse en Nueva York. Afiliado después a la Iglesia Reformada Holandesa, se convierte en pastor de Marble Collegiate Church en la ciudad de Nueva York. Otros libros suyos de impresionantes tiradas son *Guía para pensar con seguridad, Los asombrosos resultados del pensamiento práctico, El optimista acérrimo* y *El pecado, la sexualidad y el autodominio*. Norman Vincent Peale muere en Ohio el 24 de diciembre de 1993.

Pedro el Grande

Pedro I de Rusia nace en Moscú en 1672, el 30 de mayo, (9 de junio del calendario gregoriano). Comparte el reinado ruso con su hermanastro Iván, desde 1682 hasta 1689. Desde esa fecha reina solo hasta el día de su muerte. De estatura descomunal, seis pies y ocho pulgadas de alto, se le llama Pedro el Grande. Desde 1700 hasta 1721 está en guerra con Carlos XII de Suecia, y aunque es derrotado en Narva, es proclamado vencedor en Poltava en 1709, y se apodera de un gran territorio que incluye Livonia y Estonia. En 1703 Funda San Petersburgo y en 1712 muda la capital del país hacia ese lugar, convirtiéndolo en lo que dio en llamarse el Paraíso Europeo. Cuando termina la guerra con Suecia, Rusia es declarada un imperio y Pedro el Grande se proclama a sí mismo Emperador. Bajo la imperiosa orden de "¡úkase!" (¡Hágase!), reforma la economía, reorganiza el Gobierno estableciendo un Senado, introduce un nuevo sistema de recolectar impuestos y funda una nueva política que fomenta el comercio nacional. Pedro el Grande logra un nuevo equilibrio militar en Europa, y al morir en 1725, el 28 de enero, (8 de febrero), es sepultado en la Catedral de San Pedro y San Pablo, donde todavía el público acostumbra depositar flores.

Ángela Peralta

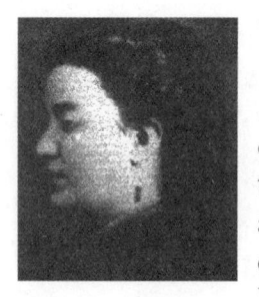

La soprano lírica conocida como "El Ruiseñor Mexicano", Ángela Peralta de Castera, nace el 6 de julio de 1845 en la Ciudad de México, y su maestro de canto es Agustín Balderas. Desde los ocho años de edad es aclamada, y a los quince interpreta la Eleonora del "Trovador" de Verdi en el Teatro Nacional.

De corta estatura, gruesa, no es una mujer agraciada, pero lo valedero es su garganta, y en 1861 viaja a España con su padre, de allí pasa a Milán, y el 13 de mayo de 1862 debuta y triunfa en el teatro *Scala*, con *Lucía de Lammermoor*, de Gaetano Donizetti. Invitada por la Corte, canta en Turín ante Víctor Manuel II. Ya famosa, Ángela Peralta hace una gira por Roma, Florencia, Bolonia, Lisboa y El Cairo. Compone obras para piano. Después regresa a su patria, invitada por el Archiduque de Austria, Fernando Maximiliano, y su éxito es esplendoroso. Entre Europa y México va de presentación en presentación, y en una tercera temporada presenta en su país la *Aida*, de Verdi, en el Gran Teatro Nacional. En 1882, ya enferma de fiebre amarilla, se casa con su empresario Julián Montiel. Ángela Peralta muere el 30 de agosto de 1883. Desde 1942 sus restos reposan en la Rotonda de los Hombres Ilustres.

Luisa Pérez de Zambrana

La poetisa cubana Luisa Pérez de Montes de Oca nace en el Cobre, Oriente, el 25 de agosto de 1837, pero su nombre de autora le viene del matrimonio con el médico Ramón Zambrana, el 16 de octubre de 1858. Da a conocer sus poemas en órganos culturales como *El Orden, El Redactor, Brisas de Cuba, Kaleidoscopio, Cuba Literaria* y *Diario de la Marina*. En 1857 publica el libro Poesías. Vive una vida intensamente cultural con las tertulias de Rafael María de Mendive y Nicolás Azcárate. Escribe la novela *Angélica y Estrella* y deja inédita *La hija del verdugo*. Cuando Gertrudis Gómez de Avellaneda regresa a Cuba y es homenajeada en el Teatro Tacón, el 27 de enero de 1860, Luisa Pérez de Zambrana es la escogida para ceñirle la corona de laurel, y la Avellaneda escribe el prólogo de la segunda edición de su libro. Al morir su esposo escribe uno de los más importantes poemas elegíacos de la literatura cubana: "La vuelta al bosque". Posteriormente mueren sus cinco hijos y, desde entonces, de ella sólo emanaría el dolor supremo. En sus últimos años se le otorga una pensión, y en 1920 se publica una serie de sus poemas, con prólogo de Enrique José Varona. Luisa Pérez de Zambrana muere en Regla, provincia Habana, el 25 de mayo de 1922.

Luis Mario

Edith Piaf

Edith Giovanna Gassion, cantante francesa que adoptó el seudónimo de Edith Piaf, nace en París el 19 de diciembre de 1915. Un acróbata callejero fue su padre y, su madre, una mujer alcohólica. Su infancia es muy triste, vive malamente de su voz, cantando en comercios y en calles parisinas como una lírica vagabunda. Algunos empresarios la presentan, esporádicamente, en cabarets y teatros. Su nombre se va abriendo paso en la admiración general. Teatros de importancia la contratan, e interpreta comedias musicales como *La bella indiferente* y *La pequeña Lili*. Sus éxitos son continuados gracias a su voz sui géneris y la dignidad de su sobria indumentaria en los escenarios, donde aparece vestida de negro y desprovista de joyas. Vive un largo romance con el boxeador Marcel Cerdán, que muere en un accidente aéreo y ella le dedica la canción "Himno de amor". Logra un triunfo extraordinario cuando realiza una gira internacional con el grupo "Los Compañeros de la Canción", actúa en muchas películas y graba discos que sellan su fama mundial. Edith Piaf publica un libro con sus memorias, y se casa en 1962 con el cantante griego Theo Sarapo. El matrimonio dura poco, porque ella muere en París el 11 de octubre de 1963, pero resucita cada vez que se escucha la canción "La vida en rosa".

Humberto Piñera

El profesor Humberto Piñera Llera nace en Cárdenas, Cuba, el 21 de junio de 1911. Recibe una amplísima educación universitaria que incluye La Sorbona, París, 1950-51. Se casa con Estela Sánchez-Varona y tiene una hija, Estela P. Keim. Su cultura es clásica, su experiencia como profesor de Filosofía es ilimitada, y enseña esa materia en muchos institutos y universidades en Cuba, Panamá y Estados Unidos. Es fundador y presidente de la Sociedad Cubana de Filosofía. Miembro de la Sociedad Interamericana de Filosofía de la UNESCO y de la Société Européene de Culture. Sus conferencias se cuentan por centenares y sus artículos y ensayos ocupan gran parte de la prensa estadounidense, latinoamericana y española. Asiste a congresos sobre Filosofía en Bélgica, Brasil, Francia, Chile, Puerto Rico, Estados Unidos, Argentina, México y es honrado múltiples veces en su país y en el extranjero. Sus obras abarcan decenas de tomos, entre ellos, *Filosofía de la vida y filosofía existencial*, 1953; *Lógica*, 1953; *Apuntes de una Filosofía*, 1956; *Historia de las ideas contemporáneas en Cuba*, 1959; *Unamuno y Ortega y Gasset*, 1965; *El pensamiento español de los siglos XVI y XVII*, 1970; *Cuba en su historia*, 1978; *Idea, sentimiento y sensibilidad de José Martí*, 1980. Con la bandera del exilio cubano siempre indeclinable, Humberto Piñera muere en Houston, Texas, el 30 de noviembre de 1986.

Edgar Allan Poe

El poeta y narrador estadounidense, Edgar Allan Poe, hijo de actores, nace en Boston el 19 de enero de 1809. Al morir su padre, vive en Inglaterra en casa de un tutor rico, John Allan. Regresa a su patria y estudia en la Universidad de Virginia, pero antes de cumplir veinte años se da a la bebida. Publica su primer libro, *Tamerlán y otros Poemas*, en 1827, forma parte del Ejército por dos años y es expulsado de la Academia Militar de West Point. En 1829 publica su segundo libro de versos, *Al Aaraf, y Poemas por Edgar Allan Poe* en 1831. Se casa en Baltimore con su prima Virginia Clem, de sólo 14 años de edad. Trabaja en el periódico *Southern Baltimore Messenger* y en otras publicaciones, y se muda con su esposa para Nueva York. Ejerce la crítica literaria. Enviuda en 1847 y eso lo arrastra a las drogas. Escribe los poemas "El cuervo" y "Las campanas" con un tecnicismo novedoso en el manejo de la onomatopeya. Se dedica al cuento y a la novela *Aventuras de Arthur Gordon Pym* e inicia una narrativa terrorífica y misteriosa, además de ser considerado el creador de la novela policíaca. Edgar Allan Poe muere en Nueva York, en un *delírium tremens*, el 7 de octubre de 1849.

Marco Polo

Este tan conocido viajero de la antigüedad, Marco Polo, nace en Venecia se dice que en 1254, aunque otros historiadores afirman que fue en 1251. Con su padre Nicolás Polo, y su tío Mateo Polo, viaja a través de Asia durante catorce años, de 1271 a 1295. Así atraviesan Persia, el Asia occidental y Tartaria hasta llegar a China. Los tres italianos cruzan el desierto de Gobi, y al arribar a Shantung conocen a Kublai Kan en 1275, quien más tarde envía a Marco Polo como diplomático hacia el imperio mogol. También el Gran Kan nombra a Marco Polo gobernador de Yang-chow. A resultas de estos viajes, se conocerían muchos artículos en Europa, procedentes de China, que eran totalmente desconocidos, y tan dispares como los fideos y la pólvora, aunque esta última se usaba para fines pacíficos y no guerreros. En 1298 Marco Polo es apresado por los genoveses quienes lo mantienen encerrado durante un año. Aprovecha el encierro para dictarle a Rustichello da Pisa, a la sazón compañero suyo, todas las aventuras vividas durante sus viajes, lo que daría pie para un libro escrito en francés. Marco Polo retorna a Venecia donde muere en 1324, no sin antes haber servido como miembro del Gran Consejo.

Luis Mario

Pura del Prado

El 8 de diciembre de 1931, nace en Santiago de Cuba Pura del Prado, la gran lírica de la poesía femenina cubana. Estudia en el Colegio de Belén y en la Escuela Normal de Oriente, y se gradúa de maestra en 1951. Es doctorada en 1956 en la Facultad de Educación de la Universidad de La Habana. Concluye sus estudios en el Seminario de Arte Dramático del Teatro Universitario, y de Periodismo Manuel Márquez Sterling. Colabora con *Gente de la Semana, La Quincena, Bohemia, Carteles* y otras revistas. Es co-fundadora del grupo literario Raíces, en Santiago de Cuba. En 1957 se va a México por problemas políticos, vive un tiempo en Venezuela y en 1958 llega a Estados Unidos. Viaja por diversos países del mundo, y recibe muchos premios, entre ellos, el de *Erkhart Institution of Poetry,* Washington y el *Carriego*, de Buenos Aires. Los títulos de sus libros son tan originales como sus versos: *De codos en el arco iris, Los sábados y Juan, Canto a José Martí, El río con sed, El Libertador* (Biografía poética de Bolívar), *Canto a Santiago de Cuba, La otra orilla, Otoño enamorado, Color de Orisha* e *Idilio del girasol*. Enarbolando el arma poderosa de sus poemas –Eros y Patria-, Pura del Prado muere exiliada en Miami el 16 de octubre de 1996.

INSPIRADORES

Marcel Proust

Marcel Proust nace en París, el 10 de julio de 1871. Estudia en el Liceo Condorcet, y se dedica a escribir ensayos y relatos, titulados Los placeres y los días, que publica en 1896. A los 35 años el asma apenas lo deja vivir, permanece encerrado en un cuarto forrado de corcho. En ese lugar aislado escribe su obra maestra, *En busca del tiempo perdido*, en 16 volúmenes. Comienza Proust *Por el camino de Swann,* que no causa ningún impacto, pero cuando publica *A la sombra de las muchachas* en flor, en 1919, le otorgan el Premio Goncourt. Vienen después *El mundo de los Guermantes* y *Sodoma y Gomorra*, muy exitosas. Póstumamente se publican: *La prisionera,* en 1923, *La desaparición de Albertina*, en 1925 y *El tiempo recobrado*, en 1927. La fama de Proust es universal. Su obra ha sido traducida a incontables idiomas, y es un maestro de la novelística del Siglo XX. Minucioso, poético, es el gran retratista del ser humano, que reconstruye su tiempo basado en la memoria y las evocaciones. Proust muere el 19 de noviembre de 1922, y póstumamente se publica otra novela suya, escrita entre 1895 y 1899: *Jean Santeuil*, en tres volúmenes.

Luis Mario

Tito Puente

El músico Ernesto Anthony Puente, Jr., Tito Puente, de origen puertorriqueño, nace en Nueva York el 20 de abril de 1923. Estudia piano y percusión desde muy niño, se apasiona con la música latina y aprende baile con su hermana Anna. Sirve en la Segunda Guerra Mundial, debuta como percusionista con la banda *Los Happy Boys*, y es el primer timbalero que toca de pie. Recibe varios doctorados honorarios, participa de innumerables programas de TV, conciertos internacionales y es una exaltación viviente de la música popular. Entre sus grabaciones se destacan "Cuban Carnaval", "El Rey del Timbal" y "El número 100". Nominado once veces, Tito Puente recibe cuatro Premios Grammy, una condecoración presidencial por su servicio en la guerra, el premio Eubie Blake de la Academia Nacional de Artes, la medalla Honor Smithsonian, y el premio del comité que honra la Tradición Hispana en las Artes en Washington D.C. Puente actúa ante jefes de Estado mundiales, y cuatro presidentes de EE.UU. Aparece en *El Show de Bill Cosby, Los Simpsons* y otros muchos, y en películas como *The Mambo Kings* y *Radio Days*. Tito Puente muere en Nueva York el 31 de mayo de 2000.

Q

Luis Mario

Salvatore Quasimodo

El poeta y crítico de literatura italiano, Salvatore Quasimodo, nace en Modica, Cicilia, el 20 de agosto de 1901. Sus primeras labores de ingeniero de caminos no le impiden escribir cinco libros de poemas, ya publicados en 1938. En el Conservatorio de Música de Milán ejerce como profesor de Literatura Italiana. En el periódico *Il Tempo* se desempeña como crítico teatral desde 1940. Tratando de denunciar a los fascistas, Quasimodo y otros poetas contemporáneos recurren al hermetismo, ya que no pueden exponer sus ideas claramente. Al terminar la Segunda Guerra Mundial, se enfrenta abiertamente al fascismo, y en 1947 publica el libro *Día tras día*, con ese tema. Quasimodo es considerado como uno de los principales traductores de las literaturas clásicas de Grecia y de Roma, y también traduce a Shakespeare y a poetas ingleses y estadounidenses. En 1959 le otorgan el Premio Nobel de Literatura, por haber relatado "la trágica experiencia de nuestra época". Entre sus obras sobresalen *Erato y Apollión, Y en seguida es de noche, La tierra incomparable, La vida no es sueño* y *Dar y tener*, y escribe también una ópera con música de Gianno Ramous. Salvatore Quasimodo muere cerca de Nápoles el 14 de junio de 1968.

Inspiradores

Gonzalo de Quesada

Gonzalo de Quesada Aróstegui, el más estrecho amigo de José Martí, nace en La Habana el 15 de diciembre de 1868. A los 22 años de edad se gradúa de Doctor en Leyes en la Universidad de Columbia, Estados Unidos. Viaja a Argentina después de servir como secretario de la Delegación de ese país ante el Congreso Panamericano en Washington. Martí lo nombra secretario del Partido Revolucionario Cubano y, al fracasar el plan de la Fernandina, viaja a Tampa y Cayo Hueso donde levanta de nuevo el fervor patriótico. Terminada la Guerra del 95, Gonzalo de Quesada es elegido Delegado a la Asamblea de Santa Cruz del Sur, y a la Convención Constituyente. Lo proclaman representante de la nueva República por Pinar del Río. Empieza a publicar las obras de Martí, como su albacea testamentario. Nombrado Ministro Plenipotenciario en Washington, desarrolla una gran labor por Cuba. Trasladado a Alemania, publica *La patria alemana*, y es honrado por el emperador Guillermo II. Otras obras suyas son *Patriotismo, Ignacio Mora* y *Mi primera ofrenda,* y cuentos y discursos. Gonzalo de Quesada Aróstegui muere en Alemania el 9 de enero de 1915.

Francisco de Quevedo

Francisco de Quevedo y Villegas, poeta y polígrafo, nace en Madrid en septiembre de 1580. Estudia con los jesuitas en las universidades de Valladolid y de Alcalá de Henares. En 1616 es honrado como Caballero de la Orden de Santiago, por sus tres años en Sicilia. Su destino corre parejo con el del duque de Osuna, y es condenado al destierro, pero retorna con el conde duque de Olivares, como secretario real. Sufre un nuevo destierro, ahora en el convento de San Marcos de León. De nuevo en la corte, se casa con Esperanza de Mendoza. Pierde la confianza de Olivares, y es encarcelado en el convento de San Marcos, hasta 1634, entonces se retira a la Torre de Juan Abad. Quevedo está al frente de todas las formas literarias, la poesía, las novelas picarescas, obras filosóficas y morales, traducciones, y es quien echa a andar al idioma español. Su conceptismo se opone al culteranismo de Luis de Góngora. Sus versos son publicados póstumamente, y deja obras ejemplares como *Tratados políticos, Política de Dios, gobierno de Cristo y tiranía de Satanás, Historia de la vida del Buscón...* y *Los sueños*. Francisco de Quevedo muere en Villanueva de los Infantes el 8 de septiembre de 1645.

José Agustín Quintero

El poeta cubano José Agustín Quintero, uno de los que integró la antología *El laúd del desterrado*, nace en La Habana en 1829. Sus primeros estudios son con José de la Luz y Caballero en el colegio San Cristóbal. Se gradúa de Licenciado en Derecho de la Universidad de La Habana después de estar un tiempo en Estados Unidos para estudiar en la Universidad de Harvard. Conspira contra el Gobierno colonial y es arrestado conjuntamente con Cirilo Villaverde y otros patriotas, encerrados en el Castillo del Morro, donde es sentenciado a muerte. Escapa de la cárcel y va a Estados Unidos. Hace traducciones del inglés y del alemán y se hace amigo de Emerson y de Longfellow. Durante la Guerra Civil estadounidense, se pone de parte de los confederados y el presidente Jefferson Davis lo envía a realizar una misión secreta a México. Al regreso dirige *El Ranchero* en Texas y colabora en Nueva Orleáns con la publicación Picayune, así como con varios periódicos cubanos. Regresa a Cuba donde redacta el *Boletín Comercial*, pero en 1869 tiene que afrontar nuevamente el exilio. José Agustín Quintero muere en Nueva Orleáns, el 7 de septiembre de 1885.

Luis Mario

Horacio Quiroga

El narrador y poeta uruguayo, Horacio Quiroga, nace el 31 de diciembre de 1878 en Salto. Su mundo de las letras comienza en los periódicos, y a los 22 años realiza un viaje a París. En 1899 funda la *Revista de Salto*. Vive en Argentina en 1902, tras matar accidentalmente con una pistola a su amigo Federico Ferrando. Empieza a destacarse como poeta ese mismo año, al publicar *Los arrecifes de coral*. Sus relatos breves son ejemplares, y entre muchos libros publica *El crimen del otro, Cuentos de amor, de locura y de muerte, Cuentos de la selva, La gallina degollada y otros cuentos, Los desterrados, Más allá* y novelas como *Historia de un amor turbio*. Admirador y amigo de Leopoldo Lugones, lo acompaña en una expedición a la provincia de Misiones. En 1903 ejerce como profesor de Castellano. Se casa con Ana María Cirés en 1909, y dos años después es nombrado Juez de Paz. A los cinco años de casado su mujer se suicida. Vuelve a casarse en 1927, esta vez con María Bravo, va a vivir a Misiones, pero regresa a Buenos Aires cuando su segunda esposa lo abandona en 1936. Horacio Quiroga enferma de cáncer en el estómago, y se suicida bebiendo cianuro el 19 de febrero de 1937.

R

Ronald Reagan

Ronald Wilson Reagan nace en Illinois el 6 de febrero de 1911. Como actor de cine filma 58 películas desde 1937 hasta 1964. Divorciado de la actriz Jane Wyman, se casa en 1952 con otra actriz, Nancy Davis. En 1962 preside el Sindicato de Actores Cinematográficos, y renuncia al advertir la influencia comunista. Deja el Partido Demócrata por el Republicano, y en 1966 lo eligen Gobernador de California. En 1980 es elegido Presidente de Estados Unidos y es reelegido en 1984. En su primer discurso denuncia a la Unión Soviética como "el imperio del mal". En marzo de 1981 John Hinckley le dispara al salir de un hotel, y pone en peligro su vida. En su lucha contra el terrorismo, Reagan bombardea a Libia en 1986. Ese mismo año el Congreso aprueba su gran reforma legislativa del sistema fiscal. En octubre de 1983 ataca a Grenada y hace huir a las fuerzas castristas. Reagan es acusado de venderle armas a Irán para ayudar al antisandinismo nicaragüense. Su Iniciativa de la Defensa Estratégica, conocida como Guerra de las Galaxias, y su discurso ante la Puerta de Brandenburgo: "Señor Gorbachev, derribe este muro", refiriéndose al Muro de Berlín, es el puntillazo final contra el comunismo y anuncia el fin de la guerra fría. Reagan fue el creador de Radio Martí, idea del líder cubano Jorge Mas Canosa. Bajo las sombras del Alzheimer, Ronald Reagan muere en su amada California el 5 de junio de 2004. Su pueblo y todas las naciones civilizadas del mundo le rinden honor.

Renato A. F. de Réaumur

Este hombre que se destaca como científico, físico y naturalista, nace el 28 de febrero de 1683 en La Rochelle, Francia. Entre sus inventos, el más popular es el termómetro, que lleva su nombre, porque fue un estudioso del calor. La industria metalúrgica progresó con su inventiva, porque la revolucionó con sus investigaciones sobre el hierro y el acero, cambiando conceptos y logrando que se llevaran a cabo procedimientos tan nuevos como exitosos. Descubre el vidrio blanco opaco, que se conoce como porcelana de Réaumur, y en ese campo el desarrollo de la porcelana le debe mucho a su genio. Escribe muchas obras sobre historia natural, pero la principal es *Memorias para servir a la Historia de los Insectos*, donde descubre, con infinita paciencia, todo un mundo desconocido, que nadie había investigado tan minuciosamente antes que él. Otra de sus notables tareas es su dedicación a estudiar la vida de los peces, y repara en la acción eléctrica del pez torpedo. Por ironías de la vida, Réaumur muere en su tierra natal, el 17 de octubre 1757, al caerse de un caballo en Saint-Julien-du-Terroux.

Juan J. Remos

Juan José Remos nace en Santiago de Cuba el 8 de abril de 1896. Es doctorado en Filosofía y Letras en la Universidad de La Habana. Ejerce como profesor en diversas materias. En 1917 se casa con Mercedes Carballal con quien tiene cuatro hijos: Mercy, Virgilio, Juan y Ariel. Preside la Reforma de la Segunda Enseñanza en 1935. Sirve a su país como Secretario de Defensa Nacional en 1937, de Estado en 1938 y Ministro de Educación en 1940. Es Embajador Extraordinario y Delegado Permanente de Cuba ante la UNESCO desde 1952. En 1956 es nombrado Embajador en España. Ya para entonces Juan J. Remos ha representado a Cuba en delegaciones, conferencias y actividades que van de México, Perú, Chile, Uruguay, Ecuador, Colombia, Venezuela y Estados Unidos, a España, Suiza, Italia y Francia. Desempeña numerosos cargos académicos internacionales y así de importantes son los honores que recibe. Dirige revistas y colabora con incontables publicaciones. Propaga la cultura cubana en el exilio desde 1961. Publica *Curso de historia de la literatura castellana,* 1928; *Micrófono,* 1937; *La obra literaria-estética y técnica,* 1941; *Los poetas de Arpas Amigas,* 1943; *Deslindes de Martí,* 1953; y otras muchas obras. Juan J. Remos muere en Miami, el 21 de septiembre de 1969.

Pierre Auguste Renoir

El pintor impresionista francés, Pierre Auguste Renoir, nace en Limoges, el 25 de febrero de 1841. Empieza trabajando como decorador de porcelanas en París. Se interesa en la música y estudia con Charles Gounod, pero en 1862 ingresa en la Academia de Bellas Artes, y después se matricula con el pintor suizo Charles Gabriel Gleyre. Dos años después exhibe sus cuadros en París sin mucho éxito, pero en 1874 empieza a ser reconocido, al exponer con pintores de la escuela impresionista. El cuadro llamado "Le Moulin de la Galette", que representa un café al aire libre, es un largo paso en la técnica pictórica de Renoir. También se destaca con los retratos de "Madame Charpentiery y sus niños" y "Jeanne Samary". Pero es en su exposición individual, en la galería Durand-Ruel de París en 1883, cuando el pintor consolida su fama. Otra serie de cuadros de Renoir es el de figuras desnudas, pintadas desde 1884 hasta 1887. En las postrimerías de su vida, el pintor se ata el pincel a la mano, debido a una artritis progresiva. Hay un toque genial en su dominio de los colores y la luz en sus paisajes fúlgidos. Pierre Auguste Renoir muere en Cagnes, Francia, el 3 de diciembre de 1919.

Luis Mario

José Trinidad Reyes

El educador, sacerdote, escritor y poeta hondureño José Trinidad Reyes y Sevilla, nace en San Miguel de Tegucigalpa el 11 de junio de 1797. A los 15 años de edad aprende latín, y en 1815 viaja a León, Nicaragua, para seguir sus estudios. Entra como novicio al Convento de los Recoletos de León, y en 1822 se entrega al catolicismo, como diácono y presbítero. En 1825 es trasladado a Guatemala, donde estudia los clásicos grecolatinos. Regresa a su patria en 1828, y celebra su primera misa en la Iglesia de la Concepción de Comayagüela. Reedifica capillas y escribe el auto *Adoración a los Santos Reyes Magos*. En 1840 el papa Gregorio XVI lo nombra obispo de Honduras, pero el presidente Francisco Ferrera lo secuestra, y difunde la falsa noticia de su muerte. En 1845, el Padre Reyes funda la *Sociedad del Genio Emprendedor y del Buen Gusto*. Organiza la primera Biblioteca de Honduras, y pone a trabajar la primera imprenta. Escribe y son representadas sus pastorelas *Neftalia, Selfa* y *Rubenia*, y da a conocer posteriormente su obra *Lecciones elementales de Física*. Enfermo, el Padre José Trinidad Reyes realiza un retiro campestre, pero su salud se resquebraja, y regresa a Tegucigalpa, donde muere el 20 de septiembre de 1855.

Norman Rockwell

El pintor estadounidense especializado en ilustraciones, Norman Rockwell, nace en Nueva York el 3 de febrero de 1894. Inclinado al dibujo, se prepara en la Art Student's League, y se convierte en un extraordinario retratista. Thomas Fogarty y George Bridgeman son sus maestros. Combate en la Marina durante la Primera Guerra Mundial. Gracias a dos becas ganadas, se transforma en un gran ilustrador que decora los más importantes órganos de información y entretenimiento de Estados Unidos, por ejemplo, *Look, McCall's Magazine, Woman's Home Companion, Ladies Home Journal* y el *Saturday Evening Post*, en cuya nómina permanece durante casi medio siglo. En 1959 publica el libro *Mis aventuras como ilustrador*. Nadie como Rockwell para dibujar todo lo positivo, lo moral, lo patriótico, lo respetable de su país, a veces con tonos humorísticos que denotan devoción por su patria. El discurso del presidente Franklin Delano Roosevelt en 1941, ante el Congreso, sobre las cuatro libertades, inspira acaso sus mejores pinceladas. Es el pintor por excelencia del sistema de vida estadounidense. Norman Rockwell muere en Massachussets el 8 de noviembre de 1978.

José Enrique Rodó

El ensayista uruguayo José Enrique Rodó nace en Montevideo el 15 de julio de 1871. Forma parte de la Generación de 1900. Es elegido dos veces diputado por el Partido Colorado. Es profesor de Literatura en la Universidad de Montevideo y Embajador en Chile. Funda la *Revista Nacional de Literatura y Ciencias Sociales* en 1895, y es un gran estilista de la palabra escrita. Ejerce en Europa como corresponsal de *Caras y Caretas*. Publica los ensayos *El que vendrá* y *La novela nueva* en1897; *Rubén Darío. Su personalidad literaria. Su última obra* en1899 y *Ariel*. Todo esto es presentado bajo el título genérico de *La vida nueva*. La más famosa es *Ariel*, que dedica a los jóvenes latinoamericanos, con un estudio del imperio estadounidense, reflejado en el reino de Calibán, y la contraparte de Ariel donde los hombres buscan la superioridad espiritualmente. Promueve la cultura grecolatina y el europeísmo. Otras obras suyas son *Liberalismo y jacobinismo* en 1906 y *Motivos de Proteo* en 1909. En *El mirador de Próspero* se ocupa de Bolívar, Montalvo y otros personajes. José Enrique Rodó muere en Palermo, Italia, en mayo de 1917.

Wilhelm Konrad Röntgen

El físico alemán Wilhelm Konrad Röntgen nace en Lennep el 27 de marzo de 1845. Estudia en Zurich y en Wurzburgo y en 1870 se convierte en ayudante de su compatriota, también físico, August Kundt. Ejerce como profesor auxiliar en Estrasburgo en 1876, y un año después ya es profesor a tiempo completo de la Universidad de Giessen, donde también dirige el Instituto de Física. Se dedica a estudiar el calor de los gases, la capilaridad, la compresibilidad, etc. Su mayor logro para la humanidad consiste, sin embargo, en el descubrimiento de los rayos X, el 8 de noviembre de 1895 en la Universidad de Wurzburgo. Por no conocer la naturaleza de su descubrimiento lo bautiza con el nombre de X, y a partir de entonces su fama se extiende a todo el mundo. No obstante, el primer uso de los rayos X es curativo, debido a que se emplea con éxito en sarcomas, cáncer de la piel, úlceras y otros padecimientos similares. Röntgen recibe en 1896 la Medalla Rumford de la Sociedad Real de Inglaterra, y en 1901, cuando se instituyen los premios Nobel, es galardonado con el de Física. Son diversos sus escritos científicos. Wilhelm Konrad Röntgen muere en Mónaco en febrero de 1923.

Erasmo de Rotterdam

El gran humanista holandés Erasmo Desiderio, primeramente llamado Geert Geerts, nace cerca de Rotterdam el 28 de octubre de 1467. A los 14 años ingresa en el convento de los agustinos, y es ordenado sacerdote en 1492. Posteriormente, el papa Julio II lo libera de los votos eclesiásticos. Traba amistad con Tomás Moro, y a través del impresor italiano Aldo Mauricio publica clásicos griegos y latinos. Doctor en Teología de la Universidad de Turín, da clases sobre esa materia en Inglaterra, en la Universidad de Cambridge. En 1516 traduce el Nuevo Testamento. En 1521, el rey Carlos V lo toma como consejero. Entra en debate con Martín Lutero por sus ideas religiosas, pero sus propias ideas lo hacen sospechoso de propiciar la Reforma. Erasmo anuncia la época moderna, y de su obra de letrado surge el movimiento erasmista. Entre sus obras en latín se conservan *Adagios, Manual del caballero cristiano, Doctrina del príncipe cristiano* (dedicada a Carlos V); *Coloquios, El ciceroniano, Sobre la pureza de la iglesia cristiana* y la más famosa de todas dedicada a Tomás Moro: *Elogio de la locura*. Erasmo de Rotterdam muere en Basilea, Suiza, el 11 de junio de 1536.

S

José Antonio Saco

El alto escritor, historiador y antiesclavista cubano, José Antonio Saco, nace en Bayamo el 7 de mayo de 1797. Desde los 21 años de edad ya es nombrado catedrático de Filosofía del Colegio Seminario de San Carlos y San Ambrosio, y sucede en el cargo durante diez años nada menos que a Félix Varela y Morales, su maestro. En Nueva York funda el periódico *El Mensajero Semanal*, y publica *Memoria sobre caminos de hierro en la isla de Cuba*, premiada por la Sociedad Patriótica de La Habana. Regresa a Cuba y funda y dirige la *Revista Bimestre Cubana*, donde da a conocer su antiesclavismo. Considerado enemigo de España, es deportado a Madrid por el capitán general Miguel Tacón. Sirve varias veces como diputado a las Cortes de España. Se muda a París, donde combate las ideas anexionistas. Publica su obra más importante en 1875: *Historia de la esclavitud*, cuyos seis volúmenes son traducidos a varios idiomas. Autor de muchas obras, Saco publica entre otras *Juicio sobre las poesías de Heredia, Ideas sobre la supresión del tráfico de esclavos* y un libro de ensayos: *Papeles de José A. Saco*. Este hombre, una de las figuras principales del pensamiento y la literatura de Cuba, muere en Barcelona el 26 de septiembre de 1879.

Anwar El Sadat

Nace Anwar El Sadat en Egipto, el 25 de diciembre de 1918. Por su nacionalismo contra los británicos, espía para Hitler. Un consejo de guerra inglés lo condena en 1942, pero escapa de la cárcel tres años después y se dedica a la subversión. Forma parte del Movimiento de Oficiales Libres de Gamal Abdel Nasser que destituye al rey Faruk en 1952. Publica entonces *Rebelión en el Nilo*. En 1956 es nombrado ministro de Estado. Ejerce como subsecretario general de la Unión Socialista Árabe y como vicepresidente de la Asamblea Nacional. Al ser derrotado Egipto por Israel en la guerra de 1967, Sadat es destituido por Nasser. Durante el acercamiento a la URSS realiza varios viajes a Moscú y Nasser lo nombra vicepresidente único. Al morir Nasser en 1970, Sadat pasa a ser presidente interino de la República Árabe Unida (Egipto y Siria), y después es elegido Presidente. Expulsa de su país a los militares soviéticos en 1972 y se acerca a EE.UU., que le concede ayuda. En 1977 viaja a Jerusalén y se entrevista con el premier israelí Menahem Begin. Ambos comparten el Premio Nobel de la Paz en 1978. El 26 de marzo de 1979 firma un tratado de paz con Israel, y el 6 de octubre de 1981, durante un acto, soldados suyos lo asesinan a tiros en El Cairo.

Luis Mario

Emilio Salgari

El escritor conocido como el Julio Verne italiano, Emilio Salgari, nace en Verona el 21 de agosto de 1862. Cuando su sueño de ser el capitán de su propio barco para explorar el mundo queda hecho trizas por sus pobres calificaciones en un instituto naval de Venecia, Salgari lleva sus fantasías aventureras a la palabra escrita, y se convierte en pionero de la ciencia ficción. Escribe más de cien aventuras que se desarrollan en tierras exóticas, y que con los años se convierten en lectura favorita de millones de personas en todo el mundo. En 1883 y 1884 se hace famoso con la serie *Sandokan, el Tigre de la Malasia*. Se casa en 1892 con la actriz Ida Peruzzi con quien tiene cuatro hijos. Contratado por la casa de publicaciones Speirane, la familia se muda a Turín. En 1897, el Rey Humberto de Italia le otorga el título de "Chevalier of the Crown". A pesar del éxito de sus libros, las finanzas andan mal, su mujer pierde la razón y lo llena de deudas. De poco sirve su producción literaria que incluye *Los náufragos de Oregón, Los piratas de la Malasia, El León de Damasco, La reina de los Caribes, La reconquista de Mompracem* y la serie de *El Corsario Negro*. Acosado por la desdicha, Emilio Salgari se suicida en Turín, el 25 de abril de 1911.

San Agustín

Aurelio Agustín de Hipona, Doctor de la Iglesia como San Agustín y gran filósofo de la antigüedad, nace el 13 de noviembre del año 354 en Tagaste, hoy Souk-Ahras, Argelia. Su madre, Santa Mónica, lo educa en el cristianismo, pero él acepta el maniqueísmo. Estudia en Cartago y se da una vida licenciosa. A los 20 años regresa a Tagaste como profesor de Gramática. Al verlo lejos del cristianismo, su madre no lo quiere en la casa, entonces retorna a Cartago para enseñar Retórica. Escribe poemas que se hacen célebres. Funda una escuela en Roma, gana por oposición la Cátedra Imperial de Retórica, y lo llaman "Profesor Africano". El Obispo Ambrosio atrae su atención en la Catedral, y el capítulo 13, versículo 13 del libro bíblico *Romanos* lo lleva a la conversión: "...revestíos del Señor Jesucristo". Vive con sus amigos en Casiciaco, escribe sin tregua, y el Obispo Ambrosio lo bautiza en el año 387. Al morir su madre, reparte sus bienes heredados, funda un monasterio, y se convierte en famoso consejero internacional. Patrón de los que Buscan a Dios, sus cartas, sus sermones y, sobre todo, *La Ciudad de Dios* y *Confesiones*, son guías de la Iglesia del porvenir. San Agustín muere en Hipona, el 28 de agosto del 430.

San Francisco de Asís

Giovanni Francesco Bernardone, San Francisco, nace en Asís en 1182. En 1205 abandona su licenciosa vida juvenil para ayudar a los leprosos, cambia sus ropas por una capa y restaura ruinas de iglesias. En 1208 escucha una llamada sobre el capítulo 10 de Mateo, y renuncia a todos sus bienes. Empieza a predicar a favor de la renovación cristiana en el Siglo XIII. Con 12 discípulos, funda la Orden Franciscana (menores mendicantes) en 1208. En 1212 llega la monja Clara Sciffi, y comienza la orden de las clarisas. Viaja a la Tierra Santa y regresa a Asís donde planifica la Tercera Orden franciscana, la de los terciarios. San Francisco habla con los animales, domestica fieras y logra la conversión de delincuentes, como uno apodado Lobo. Crea en 1223 los nacimientos navideños, con un pesebre hecho por él mismo. Escribe Epístolas, Cantos y oraciones y la Legislación de sus tres órdenes. En 1224 reza durante 40 días de ayuno en el monte Alverno, y surgen en su cuerpo los estigmas de la crucifixión de Jesucristo. Casi totalmente ciego, San Francisco de Asís muere el 3 de octubre de 1226. Es canonizado en 1228, y en 1980 Juan Pablo II lo nombra Patrón de los Ecologistas.

San Francisco de Sales

San Francisco de Sales nace en Saboya, Francia, el 21 de agosto de 1567. Su padre lo envía a estudiar Derecho Civil y Eclesiástico en la Universidad de Padua, y se gradúa en 1592. También estudia Teología en el Colegio Clermont, de la Compañía de Jesús. Es ordenado sacerdote y lo envían como misionero al distrito calvinista de Chablais. El obispo Granièr lo nombra su coadjutor en 1599, y tres años después es nombrado Obispo de Ginebra, Suiza. Se dedica a la predicación y a escribir. Sus libros adquieren fama, entre otros, *Introducción a la vida beata, Tratado del amor de Dios, La defensa del estandarte de la Santa Cruz y Controversias o Meditaciones*. San Francisco de Sales es uno de los fundadores de la vida ascética. Con la ayuda de Santa Juana Francisca de Chantal funda la Orden de la Visitación para proteger a pobres y enfermos. San Francisco de Sales es el patrono de los sordos, y de los periodistas y escritores, y muere en Lyon el 28 de diciembre de 1622. Es beatificado en 1661, canonizado en 1665 por Alejandro VII, y declarado Doctor de la Iglesia por Pío XI en 1923. San Juan Bosco lo escoge como modelo para fundar los Salesianos en 1859.

San Gregorio Magno

San Gregorio Magno, Papa y Doctor de la Iglesia, nace en Roma hacia el año 540. Dado a la política, llega a ser prefecto de la ciudad antes de cumplir 30 años, pero cinco años después toma el camino de la religión, y es ordenado sacerdote benedictino. Este sacerdote católico hace una gran obra fundando diversos monasterios, se convierte en uno de los siete diáconos del Papa y ejerce como nuncio papal en Constantinopla durante seis años. El 3 de octubre del año 590 es elegido Papa, y durante su reinado realiza importantes cambios en la Iglesia, tales como la reforma del clero, del calendario, de la liturgia y promueve el canto litúrgico, que en su honor hoy se llama gregoriano. Gregorio I es reconocido como el Padre del Papado de la Edad Media, y logra que toda aquella época de concupiscencia y desorden cambie, gracias a la energía que desarrolla este hombre de Dios, en relación con los asuntos religiosos, sociales y políticos. Sus obras, muchas de las cuales se conservan todavía, están inspiradas en San Agustín. Conjuntamente con Santa Cecilia, Gregorio Magno es el Patrono de los Músicos, y muere el 12 de mayo del año 604.

San Ignacio de Antioquía

San Ignacio de Antioquía nace en Siria –no se sabe la fecha exacta-, y también asume otro nombre: Teóforo, que significa "el que lleva a Dios" o "portador de Dios". Discípulo del Apóstol Juan, se convierte al cristianismo y posteriormente el Apóstol Pedro lo consagra como Obispo de Antioquía, a quien después llega a suceder en el cargo. Según Sócrates, San Ignacio introduce en su iglesia el canto alternado de los Salmos, y de esa forma influye en las demás iglesias. San Ignacio es uno de los primeros doctores de la Iglesia. Entre otras cartas escribe las que sientan los principios eclesiásticos, y las envía a las comunidades cristianas de Trales, Efeso, Magnesia y Roma, ciudad ésta a la que llega a través de la desembocadura del Tíber, y a la que le había escrito lo siguiente: "Yo soy trigo de Dios, y he de ser molido por los dientes de las fieras, para llegar a ser pan limpio de Cristo". El emperador Trajano lo condena a muerte, en unos festejos en los que pierden la vida 10,000 gladiadores y 11,000 fieras, para divertir a los romanos. Entre esas fieras perece San Ignacio el 20 de diciembre del año 107. Parte de sus restos que no fueron devorados son enviados a Antioquía.

Luis Mario

San Ignacio de Loyola

El santo fundador de la Compañía de Jesús, Iñigo López de Loyola, que en honor a San Ignacio de Antioquía cambia su nombre por el de Ignacio, nace en 1491 en el Castillo de Loyola, hoy término municipal de Azpeitia. Se educa en Arévalo y abraza la carrera militar. Cuando Pamplona es atacada por los franceses en 1521, resulta herido en una pierna, accidente que cambiaría el rumbo de su vida. Mientras se recupera en el Castillo de Loyola, lee sin descanso sobre la vida de Jesucristo y los santos. En 1522 comienza su estancia en una cueva en las cercanías de Manresa, donde recibe la iluminación divina. Empieza una vida austera y realiza un viaje de peregrinación a Roma y Jerusalén. Escribe los Ejercicios Espirituales. En 1524 estudia latín en Barcelona y después Filosofía en Alcalá y en Salamanca. En 1534 obtiene en París el título de Maestro de Artes. Entra en la historia de la Iglesia Católica definitivamente cuando se ordena sacerdote en 1538, y dos años después el papa Paulo III aprueba los estatutos de la Compañía de Jesús, los jesuitas, fundada por Loyola. En 1550 redacta las Constituciones. En Roma, donde había fundado los colegios Romano y Germánico, muere el 31 de julio de 1556. Beatificado por el papa Paulo V en 1609, es canonizado por Gregorio XV el 12 de mayo de 1622.

San Juan Bosco

El santo italiano Juan Bosco, de familia muy pobre, nació en Becchi el 15 de agosto de 1815. Es ordenado sacerdote el 5 de junio de 1841. La infancia en las cárceles hiere su sensibilidad, y empieza su obra de los oratorios para ofrecerles techo, comida y educación a los niños. El 26 de enero de 1854 Don Bosco los llama salesianos, invocando a San Francisco de Sales. Las bandas anticlericales empeoran y aparece en su vida, durante un tiempo, un enorme perro que le salva la vida muchas veces, al que pone por nombre "El Gris". Don Bosco llega a publicar tres diarios y, desde 1877, el Boletín Salesiano. Crea el sistema de educación preventivo; y entre sus libros resaltan la *Historia de Italia, Vida de los Papas, Historia eclesiástica.* Es el Patrón de los Editores. Crea los colegios salesianos en 1863, y cinco años después ya había 800 estudiantes. Edifica en Turín el santuario de María Auxiliadora, que se inaugura el 9 de junio de 1868. Propicia el envío de misioneros a Sudamérica, específicamente a la Patagonia. Al morir San Juan Bosco en Turín, el 31 de enero de 1888, había 250 casas salesianas en todo el mundo, con 130 mil niños, de los que se habían ordenado 6 mil sacerdotes. El primero de abril de 1934 es canonizado por el papa Pío XI.

San Juan de la Cruz

El poeta místico español San Juan de la Cruz (Juan de Yepes y Álvares), nace en Fontiveros, Ávila, en 1542. Físicamente enfermizo, trabaja como enfermero. Estudia Humanidades con los jesuitas de 1559 a 1563; en la Universidad de Salamanca después, y profesa en la Orden Carmelita. Es ordenado sacerdote en 1567, y ese mismo año se encuentra con Santa Teresa de Jesús, con quien comienza a reformar la Orden. En 1571 lo nombran Rector del Colegio de Alcalá, y un año después pasa a ser Confesor y Vicario de la Encarnación en Ávila. En diciembre de 1577, es calumniado y llevado a la cárcel de Toledo, de donde escapa ocho meses después, ayudado por Santa Teresa. Cumple con altos cargos eclesiásticos. Escribe las poesías místicas, angelicales, de más elevación hacia Dios de la lengua castellana: Cántico espiritual *(Canciones entre el alma y el esposo), La noche oscura, Llama de amor viva, Romances, liras...* San Juan de la Cruz muere en Úbeda, Jaén, el 14 de diciembre de 1591; Clemente X lo beatifica en 1675; Benedicto XIII lo canoniza en 1726; Pío XI lo declara Doctor de la Iglesia en 1926, y Pío XII lo proclama Patrono de los poetas en lengua española en 1952.

INSPIRADORES

José de San Martín

Nace el 25 de febrero de 1778 en Yapeyú, Argentina. Teniente coronel del Ejército español, hace su primera campaña en Melilla en 1791. Lucha por la independencia española contra Napoleón. De España pasa a Inglaterra, y en 1812 funda en Buenos Aires el regimiento de Granaderos a Caballo. En 1813 gana su primera victoria en San Lorenzo. Designado Jefe del Ejército del Norte, concibe en 1814 un plan para independizar a Chile y Perú. Con cinco mil doscientos hombres crea el Ejército de los Andes. Cruza la cordillera y derrota a las tropas realistas en Chacabuco en 1817. Entra victorioso en Santiago y la población le ofrece el Gobierno, pero lo rechaza. La victoria de Maipú en 1818 sella la independencia de Chile. Con el apoyo de Ambrosio O'Higgins organiza la expedición a Perú, y con el Ejército Libertador desembarca en Pisto el 9 de julio de 1821. Proclama la independencia peruana y como Protector asume el poder durante un año. Une sus fuerzas a las de Bolívar, y con generoso gesto le entrega el mando militar. Sale hacia Argentina, pero disconforme con su patria regresa a Francia, donde muere el 17 de agosto de 1850.

San Padre Pío

El 25 de mayo de 1887, nace en Italia Francesco Forgione, sacerdote católico conocido como el Padre Pío de Pietrelcina, y como El Fraile de los Estigmas. Durante una época de su vida, el Padre Pío afronta investigaciones del Vaticano, debido a las marcas y llagas en su cuerpo, como las producidas por la crucifixión de Jesucristo. Es acusado de lunático por algunos sectores de la Iglesia, y durante varios años se le prohíbe oficiar misas. Pero el Padre Pío mantiene su ministerio, y millones de personas en todo el mundo siguen sus pasos. En 1947, un sacerdote polaco se confiesa con él, en la población italiana de San Giovanni Rotondo, y el Padre Pío le vaticina que llegará a ser papa y que será agredido físicamente. Aquel sacerdote es Karol Wojtila, elegido papa en 1978 con el nombre de Juan Pablo II. Al Padre Pío se le reconocen cientos de milagros, y el poder de hallarse en dos lugares distintos a la misma vez. Su última misa la celebra el 22 de septiembre de 1968, entonces desaparecen de su cuerpo todas las llagas, y muere al día siguiente. Juan Pablo II canoniza al Padre Pío el 16 de junio de 2002, en la manifestación de fieles más multitudinaria que se ha ofrecido en la Plaza de San Pedro, y lo convierte en el santo número 462 de la Iglesia.

San Patricio

El obispo Patrono de Irlanda, San Patricio, nace en Escocia en el año 385. A los 14 años es capturado por unos piratas y es vendido a Irlanda donde lo hacen esclavo. Después de seis años escapa a Francia y recibe la instrucción religiosa del obispo San Germán de Auxerre, de quien es presbítero. En el 432, el papa Celestino I lo consagra obispo y le encomienda la evangelización de Irlanda. Durante un tiempo se retira a una cueva que se llamaría "Purgatorio de San Patricio". Es procesado y condenado doce veces por los druidas, miembros de una antigua religión celta, pero logra cristianizar a casi todo el país. Se establece en Armagh, funda iglesias, conventos, monasterios y obispados. Vence a sus enemigos con el arma de la fe. San patricio usa el trébol en sus predicaciones y así explica la Trinidad. Completamente desinteresado de los bienes materiales, este santo conquista a los hombres para Dios con su prédica generosa y cordial. Escribe sus Confesiones, que todavía se conservan en Dublín. La primera orden cívica de Irlanda lleva el nombre del santo, que muere el 17 de marzo del año 461.

San Pedro Canisio

El sacerdote jesuita, misionero y catequista Pedro Canisio, nace en Nimega, Holanda, en 1521. Recibe una especialidad de la Universidad de Colonia con sólo 19 años de edad. Canisio se convierte en parte esencial de la Contra-Reforma alemana, al extremo de ser llamado Segundo Apóstol de Alemania. San Bonifacio, evangelizador de ese país, fue el primero. Canisio es ordenado sacerdote en 1546, y se dedica a compilar el primer catecismo católico, que se traduce a diversos idiomas, y sus ediciones sobrepasan las 400. Funda muchos colegios jesuitas en Alemania y en Austria, y forma parte, como teólogo, en el Concilio de Trento en 1547 y en 1562. Funda un colegio en Viena en 1552, y lo nombran predicador de la corte. Pasa un tiempo en Roma con San Ignacio de Loyola. Escribe obras de divulgación jesuita en Alemania y Polonia. Consejero de papas y reyes, Pedro Canisio se dedica al estudio de los Padres Apostólicos, enriqueciendo su sabiduría eclesiástica. San Pedro Canisio muere en Friburgo, Suiza, el 21 de diciembre de 1597. El papa Pío IX lo beatifica en 1864, y Pío XI lo canoniza en 1925, y lo declara Doctor de la Iglesia.

San Pedro Damián

El santo italiano Pedro Damián nace en Ravena, Italia, en el año 1007. Huérfano desde niño, y pobre, tiene la suerte de que Damián, su hermano mayor, se ocupe de él, y pueda estudiar en Ravena y en Padua. En gratitud a ese amor fraternal es por lo que se hace llamar Damián como segundo nombre. Su primera vocación es el magisterio, pero recibe una llamada más fuerte que esa, la de Dios, y cesa como profesor para convertirse en monje, llegando a ser abad de su monasterio. Realiza una gran defensa de la Reforma, siguiendo los postulados del papa Gregorio, y a su dedicación mística añade una gran pasión por la escritura. El papa Esteban IX lo nombra Cardenal Arzobispo de Ostia, y en ese lugar se destaca por inculcarles a los fieles el respeto a los principios de la Iglesia, sobre todo a estimular el don de la oración. Disciplinado, metódico y estudioso, Pedro Damián cumple con los deberes de su Diócesis, y la entrega a su apostolado es completa, siempre a favor del dogma religioso, como el celibato. Pedro Damián muere el 22 de febrero de 1072, y lo declaran Doctor de la Iglesia en 1828.

San Roberto Belarmino

El gran teólogo italiano Roberto Francisco Rómulo Belarmino, nace en Montepulciano el 4 de octubre de 1542. Desde los 18 años pertenece a la Compañía de Jesús, y es el primer jesuita en dar clases de Teología en la Universidad de Lovaina, en Bélgica. Nombrado Arzobispo de Capua y Cardenal por el Papa Clemente VIII, es tanto el prestigio de su saber que varios papas reciben sus consejos. Dirige espiritualmente el Colegio de Jesuitas de Roma. Paulo V lo llama a la Congregación del Santo Oficio en 1605. Un año después el Papa lo nombra diputado para defender a la Iglesia de la república veneciana. Se enfrenta a Jacobo de Inglaterra a favor de la obligación de los ingleses católicos de no prestar juramento de sumisión. Hombre de acrisolada humildad y suma sencillez, impide que lo elijan papa. San Roberto Belarmino muere en Roma el 17 de septiembre de 1621. En 1627 es declarado Venerable por Urbano VII. Había escrito muchos libros eclesiásticos, y sus Obras Completas se publicaron en Alemania, 1617; Austria, 1721; Italia, 1856 y Francia, 1870. Es canonizado en 1930, y un año después el papa Pío XI lo declara Doctor de la Iglesia.

Eduardo Sánchez de Fuentes

Nace el músico y poeta cubano Eduardo Sánchez de Fuentes en La Habana, el 3 de abril de 1874. Se gradúa de Bachiller en Ciencias y letras en 1888, y estudia música con Hubert de Blanck. Su primera obra es la habanera *Tú*, mundialmente famosa, escrita en 1892. Perfecciona el piano con el gran Ignacio Cervantes, mientras se gradúa de Licenciado en Leyes y ejerce como Fiscal del Distrito de Guadalupe en La Habana. En 1898 se casa con María Luisa Sell, con quien tiene dos hijos. En 1910 ingresa en la Academia Nacional de Artes y Letras de Cuba, como miembro fundador y de número. En 1911 se le nombra Delegado del Gobierno de Cuba al Congreso Internacional de Música de Roma. En 1918 gana el primer premio por su ópera *Doreya*, escrita por el poeta Hilarión Cabrisas. Un año después dicta conferencias en Asturias y en Madrid. El Consejo Cultural y Artístico de México le rinde un homenaje en 1922. Se convierte en crítico musical del periódico *El Mundo*, de La Habana, desde 1928. Vuelve a triunfar en España en 1929, en los Festivales Sinfónicos Hispano-Americanos. Con Gonzalo Roig asiste en 1939 al Congreso Internacional de Música en Nueva York. Sus obras son tan importantes como los premios que recibe, y muere en La Habana el 7 de septiembre de 1944.

Santa Elizabeth Ann Seton

La estadounidense Elizabeth Ann Seton nace en Nueva York con el apellido de Bayley el 28 de agosto de 1774 y es criada como protestante. A los 20 años se casa con William M. Seton, heredero de una gran fortuna, con quien tiene cinco hijos, y al enfermarse su esposo de tuberculosis, lo acompaña a Italia, pero él muere en Pisa. Al regresar a Nueva York en 1805, la señora Seton adopta la religión católica, lo que disgusta sobremanera a toda su familia. Se muda para Maryland, y entra a un convento, funda las Hermanas de la Caridad y es nombrada Superiora de esa primera sociedad religiosa estadounidense. Elizabeth Ann Seton crea la escuela de San José, destinada a educar gratuitamente a niñas pobres, y a prepararlas espiritualmente. Entonces, la Madre Seton, que así era llamada, trabaja incansablemente junto a las Hermanas católicas y establece orfanatos y hospitales para desamparados, dejando constituido el sistema de escuelas parroquiales en Estados Unidos. La Madre Seton muere en 1821. Una autobiografía suya se había publicado en 1817, y después sus *Memorias y cartas* en 1869. Al ser canonizada en 1975 por Pablo VI, Elizabeth Ann Seton se convierte en la primera santa de Estados Unidos.

Santa Juana de Arco

La Doncella de Orleáns, Juana de Arco, nace en Donrémy, Lorena el 6 de enero de 1412. A los 13 años de edad empieza a escuchar voces de ángeles que la urgen a ir en ayuda del Delfín para salvar a Francia de la amenaza inglesa. Esta heroína francesa viste de armadura y dirige un ejército poco numeroso que se enfrenta a los enemigos, y logra romper el sitio a Orleáns en mayo de 1429, propiciando de esa manera la libertad del Delfín, que es coronado en Reims con el nombre de Carlos VII, y la coloca al frente del Ejército. Desde entonces, Juana de Arco se convierte en un estímulo casi místico para las tropas, y consigue importantes triunfos en su batalla contra los ingleses. Sin embargo, los suyos la abandonan, y los borgoñones la apresan en Copiégne el 23 de mayo de 1430, y la venden a los ingleses seis meses después. Entonces es sometida a un juicio irregular en Ruán, y el tribunal del obispo Pedro Cauchon la condena a morir en la hoguera, bajo los cargos de hechicería y herejía. El 30 de mayo de 1431 es quemada viva, pero la Iglesia la reivindica cuando Pio X la beatifica el 13 de diciembre de 1908, y Benedicto XV la canoniza en mayo de 1920. Hoy no hay iglesia en Francia que no tenga una estatua suya.

Luis Mario

Santa Teresa de Jesús

El 28 de marzo de 1515 nace en Ávila, España, Teresa de Cepeda y Ahumada, que llegaría a ser Santa Teresa de Jesús. De niña quiere ser mártir y entra en tierra de moros, pero fracasa en su empeño. Su salud se ve afectada después de estar año y medio en el convento de Santa María de Gracia. De nuevo en su casa, sufre al ver cómo sus hermanos viajan al Nuevo Mundo descubierto por Colón, y el 2 de noviembre de 1535 se escapa y se interna en el convento carmelitano de la Encarnación de Ávila. Años después reforma la orden y empieza a fundar nuevos conventos, con la colaboración de San Juan de la Cruz. Las reformas teresianas crean conflictos, y la Inquisición somete a la monja a un proceso en Sevilla. Sufre persecuciones de 1574 a 1579. Sus obras literarias abarcan *Libro de mi vida, El castillo interior o las Moradas, Libro de las relaciones, Conceptos del amor de Dios, Camino de perfección* y otros que incluyen poesías. El último convento que funda Santa Teresa es en Burgos, a donde viaja en medio de muchas penalidades, y muere en Alba de Tormes el 4 de octubre de 1582. Paulo V la beatifica en 1614; Gregorio XV la canoniza en 1622; Urbano VIII la proclama Patrona de España en 1627 y Pablo VI la nombra Doctora de la Iglesia en 1970.

Francisco de Paula Santander

El general y político colombiano Francisco de Paula Santander nace en la Villa del Rosario de Cúcuta en 1792. Deja los estudios de Derecho en Bogotá para incorporarse a la lucha por la independencia, y comanda las tropas en Ocaña, en 1815. Ha ce la campaña de Boyacá bajo el mando de Bolívar, de quien es Jefe de su Estado Mayor. El Congreso de Angostura lo elige presidente de Nueva Granada y sirve al Ejecutivo de 1819 a 1821, fecha en que el Congreso de Cúcuta lo designa Vicepresidente de la Gran Colombia, cuando Bolívar es el Presidente. Lo reeligen al cargo en 1826 y se yergue en defensa de la Constitución de 1821. Ayuda al Libertador en sus luchas en Venezuela, Ecuador, Nueva Granada, Perú y Bolivia, pero en 1828 es condenado a muerte, bajo la injusta acusación de conspirar contra Bolívar. Finalmente es desterrado y, de nuevo en el país, se le designa Presidente de la República en 1832, y más tarde sirve como senador. Santander hace gala de un civilismo a toda prueba, y su defensa de la libertad de expresión, así como su honestidad, lo hacen acreedor de que se le llame "el hombre de las leyes". Ya para siempre en su patria, muere el 5 de mayo de 1842.

Luis Mario

Pablo Sarasate

El violinista y compositor español, Pablo Martín Sarasate de Navascués, nace en Pamplona el 10 de marzo de 1844. Sus primeros estudios musicales los recibe de su propio padre, y a los siete años ofrece su primer concierto de violín en La Coruña. La condesa Espoz y Mina, el filántropo Ignacio García y una pensión de la Diputación de Navarra, lo ayudan a seguir sus estudios en Madrid y en París. Gana en Francia el Primer Premio de Violín. Sus continuas giras artísticas lo hacen universalmente famoso. Sarasate posee dos Stradivarius, y uno de ellos es un regalo de la reina Isabel II. Compone música para violín, romanzas, fantasías y transcripciones de muchas obras. Es aclamado como el sucesor de Paganini, y grandes compositores le dedican conciertos, como Camille Saint-Saëns, Edouard Lalo, Max Bruch y Antonín Dvorak. Toca para soberanos como la reina Victoria y Napoleón III. Otorga al municipio de Pamplona los regalos que recibe de la realeza, y se crea el Museo Sarasate. Entre sus propias obras se destacan la Jota aragonesa, el Zapareado amén de cuatro libros dedicados a danzas de su país. Pablo Sarasate muere en Biarritz, Francia, el 21 de septiembre de 1908.

INSPIRADORES

Domingo Faustino Sarmiento

Este pedagogo natural, que se preparó autodidácticamente, Domingo Faustino Sarmiento, nace en San Juan, Argentina, el 15 de febrero de 1811. En ocasiones exiliado político, estudia en Europa y Estados Unidos y es llamado por Chile, donde renueva el sistema educacional. Funda el periódico *El Zonda* en 1839, escribe en diarios chilenos. Sirve como presidente de Argentina de 1868 a 1874, época en la que funda escuelas normales, la Facultad de Ciencias Exactas, Cátedras de Instrucción Cívica, Taquigrafía, Gimnasia y Veterinaria; la Escuela de Minería y Agronomía, la Escuela Naval y el Colegio Militar. Crea el Gabinete de Física y Laboratorios, prepara las bibliotecas populares, pone en boga los canjes de libros con Venezuela, Estados Unidos, Chile, Italia y Colombia. Sarmiento se convierte en fundador de escuelas ambulantes en el campo, poniendo así en la práctica los sueños de José Martí. Después de la Guerra de la Triple Alianza dice que "La victoria no da derechos". Sarmiento dirige las escuelas de Buenos Aires y el ministerio del Interior. Publica, entre otros libros, *De la educación popular, Mi defensa, Recuerdos de provincia, La vida de Dominguito* y el más difundido, *Facundo*. Sarmiento muere en Paraguay el 11 de septiembre de 1888, fecha que se celebra como Día Panamericano y Día del Museo.

Albert Schweitzer

El humanista, médico, musicólogo y misionero alsaciano de lengua alemana, Albert Schweitzer, nace el 14 de enero de 1875. Aprende a tocar el órgano y estudia Filosofía y Teología en las Universidades de Estrasburgo, París y Berlín. En 1900 es ordenado coadjutor de la Iglesia de San Nicolás en Estrasburgo, de cuyo seminario teológico es rector. Se gradúa de Doctor en Medicina y Cirugía en 1913, en la Universidad de Estrasburgo y va a vivir al África ecuatorial francesa, donde funda un hospital. Entre otros libros publica *Filosofía de la civilización, De Reimarus a Wrede*, sobre la música religiosa de Johann Sebastian Bach; *La búsqueda del Jesús histórico, La mística del apóstol Pablo*, en el que estudia el Nuevo Testamento; *El reino de Dios* y *el cristianismo primitivo*, y su autobiografía: *Mi vida* y *mi pensamiento*. Exalta la necesidad de amar para evitar la decadencia del hombre. En 1924 vuelve a África, y reconstruye su hospital para atender a miles de africanos. Ofrece conferencias en Europa además de recitales con su órgano. En 1952 recibe el Premio Nobel de la Paz. Albert Schweitzer muere en Gabón, África, el 4 de septiembre de 1965.

Séneca

El filósofo hispanolatino, Lucio Anneo Séneca, nace en Córdoba en el año 4 (a.de C). Viene de una familia acomodada del imperio romano. Su padre lo ayuda y sus maestros lo preparan en la doctrina estoica. Casado con Helvia, tiene tres hijos con ella. Séneca se dedica a la política, se convierte en abogado y es nombrado cuestor. Ejerce como senador y cónsul. Sus éxitos ponen a Calígula en su contra y eso casi le cuesta la vida en el año 39. Dos años después, acusado de adulterio con una sobrina del emperador Claudio, éste lo destierra a Córcega. Entre sus obras literarias se destacan las *Epístolas morales a Lucilio*, y los tratados *De ira, De providencia, De clemencia, De vida beata*, etc. La literatura hispano-latina tiene en Séneca a su primer gran expositor. Se le llama Séneca el Viejo y Séneca el Retórico. En el año 49 vuelve a Roma para servir a Nerón, y cuando éste sucede a Claudio en el 54, Séneca se convierte en su consejero, hasta que se retira en el 62. Más tarde se le acusa de participar en la conspiración de Pisón, con aspiraciones a convertirse en emperador, y Nerón le ordena que se suicide. Séneca obedece y se corta las venas hasta desangrarse en el año 65 de la era Cristiana.

William Shakespeare

El dramaturgo y poeta inglés, William Shakespeare, nace en Stratford on Avon, y es bautizado el 26 de abril en 1564. En su juventud trabaja en diversos empleos. Su preparación es autodidáctica. Labora como actor, y en el año 1590, en Londres, se dedica de lleno a la dramaturgia. Trabaja para la compañía Chamberlain's Men que posee los teatros The Globe y Blackfriars. En 1593 gana fama con su poema *Venus y Adonis*. Después, *La violación de Lucrecia* y los *Sonetos* completan su renombre de poeta. Escribe un total de 14 comedias, diez tragedias y diez dramas históricos, en los que retrata, como nadie lo había hecho anteriormente, la sicología del ser humano. Se le conoce como "El Cisne de Avon", por el lugar donde nació. Sus obras más intensas son las trágicas, como *Romeo y Julieta* en 1595, *Julio César* en 1600, *Hamlet* en 1601, *Otelo* en 1602, *Macbeth* en 1606 y *El rey* Lear en 1605. Sus Comedias alegres se conocen desde 1600, así como dramas históricos sobre Inglaterra. En 1608 se dedica a la tragicomedia. En 1613 se retira de la vida literaria y se muda al lugar donde había nacido, a una casa nombrada New Place. William Shakespeare muere en abril de 1616.

Jean Sibelius

El músico finlandés Jean Julius Christian Sibelius nace en Tavastehus el 8 de diciembre de 1865. Estudia en Helsinki la carrera de Derecho y también música, pero su verdadera vocación lo hace alejarse de la primera y se convierte en un violinista afamado. Entre sus maestros descuellan Martin Wegelius y Roberto Fuchs. Siente una gran inclinación por la música folclórica, y con sus composiciones tradicionales se transforma en el primer artista en darle auge a la música nacionalista en Finlandia. Con gran éxito estrena en 1892 su primera obra, *Kullervo*, y ese mismo año se casa con Aimo Jarnefelt, con quien tiene seis hijos. En 1899 triunfa en Londres con su primera sinfonía. Viaja a Estados Unidos en 1915, y la Universidad de Yale le otorga el doctorado Honoris Causa. La música de Sibelius estimula al patriotismo, y al independizarse Finlandia en 1917, escribe *Nuestro país*. También escribe óperas, siete sinfonías, poemas sinfónicos, leyendas, un centenar de canciones y casi 200 obras para piano. Entre sus principales composiciones están *El rey Christian II, Pelléas y Melisanda, Concierto para violín y orquesta, La tempestad, La muerte* y música religiosa.Jean Sibelius muere en Helsinki el 20 de septiembre de 1957.

Luis Mario

Edith Louisa Sitwell

La poetisa y escritora inglesa Edith Louisa Sitwell, nace en Scarborough, Yorkshire el 7 de septiembre de 1887. Hija del escritor George Reresby Sitwell, ella y sus dos hermanos, también escritores, Osbert y Sacheverell, forman una de las familias literarias más famosas de su época. Edith Sitwell sufre una niñez difícil alejada de sus padres, hasta que su institutriz la introduce en el mundo de la música, la literatura y el arte en general. Su primer libro, *La madre y otros poemas*, se publica en 1915. Sobresalen en su obra libros como *Aspectos de la poesía moderna*, 1934; la novela *Vivo bajo un sol negro*, 1937; *El cantar de la rosa*, poesías, 1949; *Colección de poemas*, 1957; *Excéntricos ingleses*, 1960; una obra sobre la juventud de la reina Isabel I y una autobiografía. Viaja en muchas ocasiones a Estados Unidos y en 1954 es nombrada Dama de la Orden del Imperio Británico. Tres universidades la honran con el premio Honoris Causa: Durham, Oxford y Sheffield. Se convierte al catolicismo, es miembro de la Asociación Estadounidense de Artes y Letras y vicepresidenta de la Real Academia de Literatura Británica. Edith Sitwell muere en Londres el 9 de diciembre de 1964.

INSPIRADORES

Sully Prudhomme

Renato Francisco Armando Prudhomme, conocido en el mundo de la filosofía y la poética como Sully Prudhomme, nace en París el 16 de marzo de 1839. Trabaja como notario mientras estudia la carrera de Derecho. En lo literario, Leconte de Lisle es su maestro. Su primer libro de versos data de 1865, *Estacias y poemas*, y es consagrado por la crítica, con Sainte-Bevue a la cabeza. Exalta la soledad del hombre y su fatalismo sin escapatoria con su libro *Las soledades* en 1869. Un año después publica *Impresiones de guerra*. Se destaca en la escuela parnasiana haciendo gala de perfeccionismo formal, pero como pensador filosófico y hombre interesado en las ciencias, da a conocer *Los destinos* en 1872. Es nombrado académico de número de la Academia Francesa en 1881. Radicaliza su expresión poética en la búsqueda de nuevos caminos, con lo cual su propia poesía se ve afectada. Incansablemente escribe libros en verso y en prosa. *Reflexiones sobre el arte del verso* es su obra didáctica de 1900, y la mayor gloria la recibe en 1901, cuando se convierte en el primero en recibir el Premio Nobel de Literatura. Sully Prudhomme muere en Chaterna, Francia, el 7 de septiembre de 1907.

T

Luis Mario

Rabindranath Tagore

El poeta y filósofo indio Rabindranath Tagore nace en Calcuta el 6 de mayo de 1861. Su padre, el filósofo Devendranath Tagore, influye en su sensibilidad artística y literaria. En 1878 estudia leyes en Inglaterra, y cinco años después regresa a su país. Se casa en 1884, pero ya en 1907 han muerto su esposa, una hija y un hijo. En 1901 funda en Santiniketan la escuela La Voz Universal. Las tragedias familiares le arrancan versos cuajados de una honda y mística tristeza. Además de poesías, Tagore escribe novelas, ensayos, cuentos, crítica literaria, temas políticos y le sobra tiempo para la pintura y la música. En 1913 recibe el Nobel de Literatura. Funda el Instituto Internacional de Solidaridad Universal. En 1931, tras la represión inglesa en la India, Tagore renuncia a todos los honores recibidos de Inglaterra. Guiado siempre por el amor a la humanidad, entre su narrativa se destaca *Las piedras hambrientas*; sus obras líricas abarcan *La luna nueva, El jardinero, El niño y Gitanjali.* Como dramaturgo, deja a la posteridad *El cartero del rey y El rey en el salón oscuro.* Su novela Gora refleja los misterios del carácter indio. Rabindranath Tagore, que en idioma bengalí es Rabindranatha Thakura, muere en Santiniketan el 7 de agosto de 1941.

Tales de Mileto

El filósofo griego de la Escuela Jónica, Tales de Mileto, nace en el año 624 antes de Cristo. Se dedica a la Filosofía y las Matemáticas y se le conoce como Padre de la Geometría. Esos estudios los usa para medir las Pirámides de Egipto y la distancia de los barcos en alta mar. Los marinos empiezan a guiarse por la Osa Menor gracias a los descubrimientos de Tales de Mileto, que también predice un eclipse solar ocurrido en el año 585 a. de C. Descubre cinco teoremas geométricos, y piensa que en el agua radica el principio de todas las cosas, de ella procede todo y todo vuelve a ella. Descubre que la luna brilla gracias al reflejo del sol, y establece correctamente cuántos son los días del año. Tales de Mileto es uno de los Siete Sabios de Grecia. Los otros son Kilon de Esparta, Pitaco de Mitilene, Bias de Priere, Solón de Atenas, Cleóbulo de Lindos y Mison de Khen. Por mirar los astros, Tales de Mileto cae en un pozo, y una anciana le dice que, por su intento de observar las estrellas, ni siquiera ve lo que tiene delante. Pero cuando le hablan de recompensarlo por sus descubrimientos, lo único que desea es que los demás no se atribuyan sus hallazgos y reconozcan que son suyos. La historia se los reconoce hasta hoy. La muerte le llega en el año 546 a. de C.

Nikola Tesla

El ingeniero e inventor Nikola Tesla nace el 9 de julio de 1856 en Smiljan, Croacia. Estudia matemáticas en el Gimnasio Real de Gospic y se prepara en la Escuela Politécnica de Graz, Austria, y en la Universidad de Praga. Trabaja como ingeniero electrotécnico y en 1884 se muda a Estados Unidos, donde adopta esa ciudadanía. Diseña motores eléctricos con Thomas Alva Edison. En 1888 logra generar y transmitir corriente alterna para equipos eléctricos. Crea el transformador, el motor de inducción y un submarino eléctrico. Otro inventor estadounidense, George Westinghouse, compra el invento de Tesla, y lo presenta en la Exposición Mundial de Chicago, en 1893. Ese mismo, año Tesla crea un sistema de comunicación sin hilos y fabrica una antena de más de 30 metros, tratando de enviar electricidad sin alambres. En 1917 se le otorga la Medalla de Edison. Tesla patenta más de 700 inventos. En 1893, trabaja en el primer avión de despegue vertical, cuando los hermanos Wright todavía no habían realizado su primer vuelo. Conocido como el hombre que creó el mundo moderno, y el fabricante de maravillas, Nikola Tesla muere en Nueva York el 7 de enero de 1943.

Inspiradores

Miguel Teurbe Tolón

El poeta cubano Miguel Teurbe Tolón nace en Matanzas el 20 de septiembre de 1820. Estudia inglés, italiano, francés y latín. Funge como secretario del Gobierno de la ciudad de Matanzas y ejerce el magisterio. Publica sus primeros versos en 1841, con el título *Los preludios*. Escribe en varios órganos como *La Prensa, Diario de Avisos, El Faro Industrial, Flores del Siglo* y *La Piragua*. Funda el periódico *La Guirnalda*. El gobierno colonial le incauta la primera parte de su novela *Lola Guara*. Se casa en 1844 con su prima Emilia Teurbe Tolón, una valiente patriota, con quien escapa hacia Nueva York al comprometerse con el movimiento de Narciso López. Teurbe Tolón es jefe de redacción del periódico *La Verdad*, y desde 1852 funda *El Cubano, El Papagayo* y *El Cometa*. Trabaja en la confección de la bandera cubana con Narciso López y Cirilo Villaverde. Escribe en inglés para el Waverley Magazine de Boston. Hace traducciones y dirige en Nueva York el *Herald*, para Hispanoamérica. En 1856 publica *Leyendas cubanas*. La reina Isabel II había otorgado una amnistía en 1854, y Miguel Teurbe Tolón regresa a su Matanzas natal, donde muere el 16 de octubre de 1857.

Josefa Toledo de Aguerri

La educadora nicaragüense Josefa Toledo de Aguerri, conocida como "Doña Chepita", nace en Juigalpa en 1866. En el Colegio de Señoritas trabaja a favor de la pedagogía moderna de su país, y dirige varios centros educacionales, además de fundar el suyo propio, la Escuela Femenina de Prensa. Crea en Nicaragua el teatro escolar, y se convierte en escritora didáctica muy reconocida, amén de dedicarse a las crónicas de viaje, el artículo periodístico, la escritura de breves biografías y varios libros educacionales. Josefa Toledo de Aguerri trabaja en la rehabilitación de las escuelas normales, tanto la de varones, fundada en 1908, como la de señoritas, que data de 1910. Se torna en una admirable feminista, anticipada a su tiempo, y pone gran parte de su esfuerzo en la lucha por los derechos de la mujer. Con esa meta y otras relativas al campo pedagógico, colabora con la *Revista Femenina Ilustrada* de 1918 a 1920, y *Mujer Nicaragüense* de 1929 a 1930. Una gran obra suya es la *Enciclopedia Nicaragüense*. Josefa Toledo de Aguerri se esfuerza en demostrar la necesidad de un Consejo Nacional de Instrucción Pública. En 1950 es reconocida como "Mujer de las Américas". Intelectuales y amigos escriben en su honor el *Libro de Oro*, y muere en 1962.

Jaime Torres Bodet

El poeta y educador Jaime Torres Bodet nace en Ciudad de México el 17 de abril de 1902. Se prepara en la Facultad de Altos Estudios de la Universidad de México, y en 1921 es secretario particular del rector José Vasconcelos. Dirige la revista Falange de 1922 al 23, y el Departamento de Bibliotecas de la Secretaría de Educación Pública. Enseña Literatura Francesa de 1925 al 28, es secretario de la Legación en Madrid de 1929 al 31, y en París hasta 1933. Ejerce como Encargado de Negocios en Buenos Aires y dirige el Departamento Diplomático de la Secretaría de Relaciones Exteriores de 1947 al 48. Dirige la UNESCO de 1948 al 52, y sirve como Embajador en Francia de 1952 al 58. Crea el Programa Federal de Construcción de Escuelas y el Instituto de Capacitación para Maestros. Su obra más perdurable, sin embargo, descansa en su poesía, con imágenes en función de emotiva belleza. Escribe muchos libros de ensayos, novelas y relatos, y en verso sobresalen *Fervor, Biombo, Destierro, Cripta, Sonetos, Frontera y Trébol de cuatro hojas*. Jaime Torres Bodet, víctima de una cruel enfermedad, se suicida en Ciudad de México el 13 de mayo de 1974. Sus restos reposan en la Rotonda de los Hombres Ilustres.

Arturo Toscanini

Nace el director de orquesta italiano, Arturo Toscanini, el 25 de marzo de 1867 en Parma, lugar donde estudia además de en conservatorios de Milán. Comienza en la música como violonchelista de una compañía italiana de óperas. Ya en 1886 es aclamado en Brasil, cuando sustituye al director de orquesta y dirige la ópera Aída, de Giuseppe Verdi. En 1898 se convierte en el principal director de la Scala de Milán, y de 1908 a 1915 tiene a su cargo la Metropolitan Opera Company, en Nueva York, pero vuelve a La Scala de 1921 a 1929. Durante los años treinta dirige los Festivales de Salzburgo, y también la Filarmónica de Nueva York de 1933 a 1936. Se organiza para él la National Broadcasting Company Symphony Orchestra y presenta a través de la radio notables series de direcciones musicales. Toscanini ve nacer la industria de las grabaciones, y su carácter recio e infinitamente profesional lo convierten en uno de los mejores directores de orquesta de todos los tiempos. Solamente cuando llegaba casi al final de su vida, se decide a grabar la *Novena Sinfonía* de Beethoven, después de muchos ruegos y ofertas, porque no se consideraba apto para tal empresa. Arturo Toscanini muere en la ciudad de Nueva York, donde tanto triunfó, el 16 de enero de 1957.

INSPIRADORES

Mark Twain

El novelista y humorista estadounidense Samuel Langhorne Clemens, que usa el seudónimo de Mark Twain, grito que le anuncia al piloto de barco que las aguas están seguras, nace en Florida, Missouri, el 30 de noviembre de 1835. Pasa su niñez en Hannibal, al lado occidental del río Mississippi. Trabaja de impresor y minero. Se hace piloto fluvial hasta que estalla la Guerra Civil en 1861 y queda interrumpido el tránsito por el río. Viaja al Oeste en busca de oro, y es en 1862, como periodista, cuando adopta el seudónimo de Mark Twain. Su primera obra famosa es *La rana saltarina del condado de Calaveras.* Viaja a San Francisco, las islas Hawaii y de ahí va a Egipto y Palestina. Gana renombre como conferenciante. Se casa en 1870 con Olivia L. Laugdon con quien tiene cuatro hijos. Publica numerosos y exitosos libros: *Vida dura, La edad dorada, El robo del elefante blanco, Juana de Arco, Melville, The Mysterious Stranger* y dos novelas que evocan su niñez: Tom Sawyer y Huckleberry Finn. Mark Twain muere en Redding, Connecticut, el 21 de abril de 1910. El cometa de Halley apareció en el año de su nacimiento, y él predijo que moriría a su regreso. Así fue.

U

Luis Mario

Miguel de Unamuno

El catedrático, escritor y poeta español Miguel de Unamuno y Jugo nace en Bilbao el 29 de septiembre de 1864. Vive en Madrid desde 1880, donde se doctora en Filosofía y Letras. Vuelve a Bilbao, se dedica a la enseñanza, y en 1891 obtiene la cátedra de Griego en Salamanca. Ese mismo año se casa con Concepción Lizárraga. En 1900 es nombrado Rector de la Universidad de Salamanca, pero pierde el cargo en 1914, por ponerse a favor de los aliados. En 1920 lo enjuician por escribir contra el rey Alfonso XIII, y en 1924 es deportado a la isla de Fuerteventura. Tras un exilio en Francia, retorna a Salamanca en 1931, recupera el cargo de Rector, pero lo pierde al apoyar el levantamiento de Francisco Franco. Hombre de la Generación del 98, las ideas de Unamuno cambian con frecuencia y es muy polémico, pero también es un ensayista cabal, como lo demuestra en *Vida de Don Quijote y Sancho*, *Del sentimiento trágico de la vida* y *La agonía del Cristianismo*. Entre sus novelas se destacan *Niebla*, *Abel Sánchez* y *San Manuel Bueno, Mártir*. Su poema más famoso es "El Cristo de Velázquez". Miguel de Unamuno muere en Salamanca, el 1ro. de enero de 1937.

Luis G. Urbina

El poeta modernista del sentimiento, Luis Gonzaga Urbina, nace en Ciudad de México el 8 de febrero de 1868. Se destaca como cronista y crítico en los órganos *El Lunes, El Imparcial, Revista Azul, El Renacimiento, El Universal, El mundo Ilustrado* y otros. Da clases de Lengua Española en la Escuela Nacional Preparatoria. En 1905 es secretario del ministro de Instrucción Justo Sierra y en 1913 dirige la Biblioteca Nacional. Viaja a Cuba en 1915 y *El Heraldo* de Cuba lo envía a España. En Madrid funda la revista *Cervantes*, con Francisco Villaespesa. En 1917 es conferenciante en Buenos Aires y representa la Legación de México en España de 1918 a 1920. Viaja a Italia y a México, y en 1925 regresa a España. Entre otras obras publica: *Ingenuas, Puestas de Sol, Antología del Centenario, Lámparas en agonía, Cuentos vividos y crónicas soñadas, El glosario de la vida vulgar, La literatura mexicana durante la Guerra de Independencia, Antología romántica, La vida literaria de México, El corazón juglar, Los últimos pájaros* y *Luces de España*. Luis G. Urbina muere en Madrid el 11 de diciembre de 1934. Su cuerpo descansa en la Rotonda de los Hombres Ilustres de su país.

Rafael Urdaneta

El militar y patriota venezolano Rafael Urdaneta nace en Maracaibo el 24 de Octubre de 1789. En 1810 empieza la carrera militar en Bogotá a favor de la independencia, y toma parte en más de veinte batallas. Se une a Simón Bolívar y combate en las campañas de 1811 y 1812. Un año después lo ascienden a Coronel. Forma parte de la Campaña Admirable y de las batallas "Bárbula" y "Las Trincheras". A los 26 años de edad es ascendido a General de Brigada. Con extraordinario valor defiende en 1814 la ciudad de Valencia. Urdaneta llega a presidir el Senado de Colombia, y en 1815 lo nombran General de División. Después sería General en Jefe de los Ejércitos de Colombia en 1821. En 1822 es Comandante General del departamento de Cundinamarca. Desde 1828 a 1830 es Secretario de Guerra y Marina, y es proclamado Jefe del Gobierno en 1830. Surge una fuerte contrarrevolución y Urdaneta entrega el poder. Regresa a Venezuela en 1831, donde desempeña cargos como el de senador de la provincia de Coro. En 1845, Rafael Urdaneta es enviado a España para ratificar la independencia de Venezuela, pero la muerte lo sorprende en París el 23 de agosto de 1845.

Salomé Ureña
de Henríquez

La poetisa del romanticismo dominicano, Salomé Ureña de Henríquez, nace en Santo Domingo el 21 de octubre de 1850. De familia pudiente, adquiere una gran preparación clásica. Sus primeros poemas los publica con el seudónimo de Herminia. En 1877 gana la Medalla de Oro de la Sociedad Literaria Amigos del País. Contrae matrimonio con Francisco Henríquez y Carvajal el 11 de febrero de 1880, y la pareja tiene cuatro hijos: Francisco, la poetisa Camila y Pedro y Max Henríquez Ureña, los dos últimos, filólogos. Para colaborar con el ilustre educador Eugenio María de Hostos, Salomé Ureña de Henríquez funda el Instituto de Señoritas el 3 de noviembre de 1881, primer centro femenino de enseñanza superior en su país. Escribe el inmenso poema *Anacaona*, en el que introduce palabras indígenas, y además de ser la primera poetisa romántica dominicana, es la primera mujer en publicar un libro de poesías en su patria. Sus poemas más celebrados son "Mi Pedro", "La gloria del progreso", "La llegada del invierno", "A Quisqueya", "El ave y el nido", "Sombras", "Horas de angustias" y "Ruinas". Salomé Ureña de Henríquez muere en Santo Domingo, el 6 de marzo de 1897.

V

Juan Valera

El escritor y diplomático español, Juan Valera y Alcalá Galiano, nace en Córdoba el 18 de octubre de 1824. Se destaca por sus artículos de crítica literaria, a veces polémicos. Estudia leyes y Filosofía y llega a dominar los idiomas latín, inglés, francés, italiano, griego y alemán. Desde 1848 recorre diversos países europeos y americanos ejerciendo la diplomacia, hasta que deja esa carrera en 1859. En 1861 ingresa en la Real Academia Española. Sirve como Diputado a Cortes y más tarde publica novelas entre las que se destacan Pepita Jiménez, en 1874; *Las ilusiones del doctor Faustino*, en 1875; *El comendador Mendoza*, en 1877; *Doña Luz*, en 1879 y *Juanita "la Larga"* en 1896. Juan Valera también escribe cuentos y poesía, y sus libros sobre crítica van desde *Disertaciones y juicios literarios* hasta *Estudios críticos sobre literatura, política y costumbres*, además de *Estudios críticos sobre filosofía y religión*. Pero se destaca más en las *Cartas americanas*, una de las cuales descubre el enorme talento literario y poético de Rubén Darío en su libro *Azul...* Durante toda su vida colabora con importantes periódicos y revistas. La cultura de Juan Valera es inmensa, y gana fama como gran prosista. Muere en Madrid el 18 de abril de 1905.

Ramón del Valle-Inclán

En Villanueva de Arosa, Galicia, nace el poeta y dramaturgo español Ramón María del Valle-Inclán, el 28 de octubre de 1866. En 1890 tiene que abandonar sus estudios universitarios y se traslada a Madrid. En 1892 viaja a México donde ejerce el periodismo. De nuevo en Madrid vive haciendo traducciones. Conoce a Rubén Darío de quien se hace amigo, y en una pelea con Manuel Bueno pierde el brazo izquierdo. Se casa con la actriz Josefina Blanco en 1907, y la acompaña en su gira por Sudamérica en 1910. Polemista, independiente, pintoresco, regresa a Galicia y compra la finca "La Merced", que le causa la ruina. En 1916 es corresponsal de guerra en Francia para *El Imparcial*. En 1921 el presidente de México, Álvaro Obregón lo invita a su país, y los años veinte son los más prolíficos de su vida de escritor. En 1932, año de su divorcio, la República lo nombra "Conservador del Patrimonio Artístico Nacional", y dirige la Escuela de Bellas Artes de Roma. Su novela más importante es *Tirano Banderas*, con la que inaugura el "esperpento". Entre sus numerosas obras resaltan *Flor de santidad, Memorias del marqués de Brandomín, Gerifaltes de antaño*, además, las de teatro y poesía. Ramón María del Valle-Inclán muere en Santiago, La Coruña, el 5 de enero de 1936.

José Cecilio del Valle

El estadista hondureño José Cecilio del Valle, nace en Choluteca el 22 de noviembre de 1780. Se gradúa de Filosofía y Derecho Civil y Canónico en la Universidad de San Carlos de Guatemala. Ejerce como funcionario colonial, en 1809 es Diputado de la Suprema Junta General de España e Indias por León, Nicaragua, y en 1912 enseña la cátedra de Economía Política en la Universidad de San Carlos. Del Valle se casa en 1812. Dirige el periódico *El Amigo de la Patria* en 1820, y publica *El Redactor General* en 1825. En México es diputado y vicepresidente del Congreso en el Gobierno de Agustín de Iturbide. Redacta el Acta de Independencia de Centroamérica, del 15 de septiembre de 1821, y en 1822 publica *Soñaba el Abad San Pedro, y yo también sé soñar*, considerada la primera expresión del panamericanismo. Cuando los países centroamericanos logran la independencia, aspira en dos ocasiones a la presidencia de Centroamérica, y ambas veces es despojado del cargo. Pero en 1834 José Cecilio del Valle es elegido nuevamente, y ocupa el Poder Ejecutivo Provisional de Centroamérica, muy brevemente, porque muere ese mismo año, el 2 de marzo.

INSPIRADORES
Juan de Dios Vanegas

El poeta modernista nicaragüense, Juan de Dios Vanegas, nace en León el 8 de marzo de 1873. A pesar de su origen humilde, logra superarse académicamente. En 1884 estudia instrucción primaria nada menos que con Rubén Darío. Los estudios secundarios los realiza con el mexicano Ricardo Contreras y, dando clases de educación primaria, ingresa en la Universidad Nacional de Nicaragua, donde obtiene un doctorado en Derecho en 1903. Ejerce la abogacía y da clases de asuntos jurídicos, como Derecho Romano. Uno de sus discípulos, el poeta Salomón de la Selva, afirma que dictaba las clases sin necesidad de leer los textos. Además, enseña Literatura Española, Gramática e Historia. En 1904 se casa con Angélica Aguirre Gutiérrez con quien tiene varios hijos. Publica *Urnas y voces del campo* y colabora con múltiples publicaciones. Asume el cargo de Oficial Mayor del Ministerio de Relaciones Exteriores en el Gobierno de José Santos Zelaya. Gana el Premio Nacional Rubén Darío en 1943. Publica *Poemas de la ausencia, Por tierras fecundas, Semana Santa en León, Poemas de la hermana* y *Nacimiento y primera infancia de Rubén Darío*. Juan de Dios Vanegas es rector universitario cuando muere en León, el 31 de marzo de 1964.

Félix Varela

En La Habana, el 20 de noviembre de 1778, nace Félix Varela y Morales. Es ordenado sacerdote en 1801 y funda la primera cátedra de Derecho en el Seminario San Carlos de La Habana, donde ejerce como profesor, y también en la Universidad de La Habana, donde inaugura Derecho Político y Física Experimental. Sirve como Diputado a Cortes y es el primero en pedir la autonomía de Cuba, pero vota contra el Rey y lo condenan a muerte. Escapa por Gibraltar y llega indocumentado a EE.UU. el 17 de diciembre de 1823. Tres años después se traslada de Filadelfia a Nueva York, y en tres iglesias: San Pedro, Cristo y Transfiguración sirve a los pobres con el lema "Con caridad y buena lógica". Funda una biblioteca circulante, una guardería infantil y un taller de costura. Publica *Cartas a Elpidio* en 1835. Crea la primera Asociación Católica pro Temperancia en 1840. Funda periódicos y dos de ellos son los primeros para niños y jóvenes católicos en EE.UU. Traduce y publica libros de poesía, gramática, educación de la mujer y el *Manual de práctica parlamentaria* de Thomas Jefferson. Por sus obras filosóficas se le reconoce como el primero que enseñó a pensar a los cubanos. La libertad y los derechos humanos fueron sus premisas. Muere muy pobre en San Agustín, Florida, el 25 de febrero de 1853. Sus restos fueron devueltos a Cuba en 1911.

Andrés Vargas Gómez

El escritor y patriota cubano Andrés Vargas Gómez, nieto del General en Jefe del Ejército Libertador de Cuba, el dominicano Máximo Gómez, nace en La Habana el 4 de mayo de 1915. Se gradúa de Doctor en Leyes en la Universidad de La Habana. Es Embajador de Cuba ante la Organización de Naciones Unidas para la Educación, la Ciencia y la Cultura, UNESCO. Se casa con María Teresa de la Campa. Exiliado del comunismo, se enrola en la Brigada de Asalto 2506. Más tarde vuelve a Cuba en misión secreta y es arrestado. Le conmutan una pena de muerte y sufre cárcel política durante veinte años y siete meses. En la cárcel escribe *Poemas innominados*, libro que publica en el destierro la organización *Alpha 66*. Llega al exilio a finales de los años setenta, estudia pre-jurídica en la Universidad Tulane, en New Orleáns y funge como asesor especial para la promoción del Comercio Internacional de Miami. Publica *Espejismos y agonías* y *Sombras y luces*. En Miami colabora con la prensa y preside dos veces la organización *Unidad Cubana*. Su postura es irreconciliable con el sistema comunista en su patria. Andrés Vargas Gómez muere en Miami el 13 de enero de 2003.

Enrique José Varona

Este poeta, orador, político y filósofo cubano, Enrique José Varona Pera, nace en Camagüey el 13 de abril de 1849. Estudia en el colegio San Francisco y el resto de su educación es autodidáctica. Colabora con casi todas las publicaciones de su época y dirige algunas de ellas, como la *Revista Cubana*, orientadora de las luchas por la independencia. Las obras que escribe abarcan 1880 títulos de temas disímiles y se destaca por sus conferencias. Al proclamarse la República de Cuba en 1902, mantiene una postura discreta, pero más tarde participa de la política nacional y sirve como vicepresidente durante el primer mandato de Mario García Menocal, de 1913 a 1917, y hace realidad el sueño de Martí sobre los maestros ambulantes. Varona se opone en 1928 a la incipiente dictadura de Gerardo Machado y Morales, y sirve como orientador de la juventud. Entre sus obras se destacan *Anacreónticas, Poesías, Paisajes cubanos y narraciones en verso, Conferencias filosóficas, Mirando en torno, Observaciones sobre la Gramática y la Historia de la Lengua, La Evolución Psicológica, Ojeada sobre el movimiento intelectual de América, Vocabulario Etimológico de nombres propios* y muchas más. Enrique José Varona muere en La Habana el 19 de noviembre de 1933.

Manuel Antonio de Varona

El político cubano Manuel Antonio de Varona nace en Camagüey el 25 de noviembre de 1908. Encabeza a los estudiantes de Camagüey, combate contra Machado, es herido varias veces y otras encarcelado. Organiza el Directorio Estudiantil e integra en su provincia el Partido Revolucionario Cubano (Auténtico). Sufre nueva prisión en 1936, enviado a EE.UU., regresa y se gradúa de Doctor en Leyes en 1937. En 1940 es elegido Representante a la Cámara, donde presenta múltiples y valiosas leyes. Se destaca por su honestidad. En 1944 Tony Varona es elegido Senador, y en 1948 pasa a ser Primer Ministro del Gobierno de Prío Socarrás. Entre otros muchos logros propicia la creación del Banco Nacional de Cuba. Renuncia como Premier en 1950, y preside el Senado. Después de 1952 lucha contra Batista, y desde 1959 se enfrenta al comunismo. Sus tres matrimonios son con Inés Segura Bustamante, Emelina Ruisánchez y Olivia Borges. Exiliado en 1960, batalla sin tregua por la libertad; preside la Junta Patriótica Cubana creada en 1980, con unas 200 organizaciones, y alza la bandera de la unidad. Gran patriota, respetado por todos, Manuel Antonio de Varona muere en Miami el 29 de octubre de 1992.

Lope de Vega

Félix Lope de Vega Carpio, el Fénix de los Ingenios, nace en Madrid el 25 de noviembre de 1562. Estudia en el colegio de la Compañía de Jesús y en la Academia Real. La orfandad lo lleva a la casa de Jerónimo Manrique, Obispo de Ávila, y después labora como secretario en casa del marqués de las Navas. Lo condenan a estar ocho años fuera de Madrid, acusado de difamar al padre de su amante Elena Osorio, pero vuelve a la capital y rapta a Isabel de Urbina, con quien se casa. Entre otros escándalos, tiene dos hijos naturales con Micaela Luján. Se casa con Juana Guardo, que muere en 1613, y él se ordena sacerdote un año después. Lope le envía al papa Urbano VIII el poema "La Corona Trágica", y el Santo Padre lo nombra Doctor en Teología y le concede el hábito de la Orden de San Juan. En castellano, no hay escritor más prolífico que Lope, quien admitió haber escrito 1,800 comedias, a lo que hay que añadir autos sacramentales, dramas, novelas, glosas, letrillas, canciones, coplas, poemas... Félix Lope de Vega Carpio, también llamado "Monstruo de la Naturaleza", muere en Madrid el 27 de agosto de 1635, y el duque de Sesa celebra los funerales con gran pompa.

Giuseppe Verdi

Giussepe Verdi nace en Roncole, hoy Italia, el 10 de octubre de 1813. El rico comerciante Antonio Barezzi lo ayuda a sobresalir. Trata de estudiar en Milán, pero es el músico Vincenzo Lavigna quien lo prepara académicamente. Verdi ejerce como maestro de Música de Busseto desde 1836, y ese mismo año se casa con Margherita Barezzi, hija del hombre que lo protege. El Teatro de la Scala de Milán lo contrata en reconocimiento a su primera ópera titulada *Oberto, conde de San Bonifacio*. Sufre la peor época de su vida cuando mueren su esposa y sus dos hijos, pero en 1842 resurge con Nabucco, que se estrena en La Scala y es su consagración tanto musical como patriótica, porque desde entonces se convierte en un personaje de leyenda. Con todo, sus mejores óperas estaban por venir, desde 1851: *Rigoletto, Il Trovatore y La Traviata*. En 1871 Verdi presenta otra obra maestra: *Aída*, y ya queda marcada su genialidad musical, que abarca una instrumentación novedosa. Como octogenario legaría dos óperas más: *Otello y Falstaff*. Otras obras famosas son *Ernani, La forza del destino* y *Misa de Réquiem*. Giuseppe Verdi muere en Milán el 1ro. de enero de 1901.

Paul Verlaine

Paul Verlaine, poeta francés, nace en Metz el 30 de marzo de 1844. Estudia en el Liceo Bonaparte de París, trabaja como empleado de una compañía de seguros y luego en el Ayuntamiento de París durante siete años. En los cafés escribe versos y se relaciona con los poetas parnasianos. En 1863 publica su primer poema en la *Revue du progres moral*. Sus primeras obras son *Poemas saturnianos* en1866, y *Fiestas galantes* en 1869, donde explora nuevos caminos. El 11 de agosto de 1870 se casa con Mathilde Mauté de Fleurville, de sólo 16 años de edad, y dos años después la abandona para viajar y vivir con el poeta de 17 años Arthur Rimbaud. En 1873, borracho, hiere a Rimbaud de un disparo, por lo que pasa dos años en prisión, donde escribe su obra maestra: *Romanzas sin palabras*. Verlaine se refugia en el catolicismo, y escribe el libro *Sabiduría*. Ejerce como profesor de francés en Inglaterra y de inglés en Francia. Otros libros suyos son *Amor, Los poetas malditos, Memorias de un viudo, Mis hospitales* y *Confesiones*. Se convierte en simbolista y al morir Leconte de Lisle, es nombrado "Príncipe de los Poetas". Paul Verlaine muere en París el 8 de enero de 1896.

Julio Verne

El novelista francés, Julio Verne, nace en Nantes el 8 de febrero de 1828. Se gradúa de Doctor en Leyes y llega a trabajar en la bolsa, pero su principal vocación es la literatura. También escribe operetas. Autor intuitivo, de gran imaginación, es el primer narrador de historias de ciencia ficción, muchas de las cuales el tiempo convierte en realidad. Su primera obra es *Cinco semanas en globo*, de extraordinario éxito y traducida a innumerables idiomas, como casi todas sus obras, incluyendo el árabe y el japonés. Verne se apoya en la colaboración científica, y escribe novelas que más de un siglo después son llevadas al cine: *De la Tierra a la Luna, Veinte mil leguas de viaje submarino, La vuelta al mundo en ochenta días, Un capitán de quince años, Miguel Strogof, el correo secreto del zar*, y muchas más. Literatos y críticos de su tiempo les restan valor a sus obras, pero posteriores generaciones salvan esa injusticia. El escritor prevé, con gran anticipación, no pocos inventos, como el submarino, las naves aéreas, la televisión y los proyectiles lanzados a la Luna. Julio Verne muere en Amiens, Francia, el 24 de marzo de 1905.

Cirilo Villaverde

Nace el escritor y patriota cubano, Cirilo Villaverde, en San Diego de Núñez, Pinar del Río, el 28 de octubre de 1812. A los trece años de edad se muda para La Habana, donde estudia Filosofía y Derecho. En 1837 publica las novelas *La cueva de Taganana* y *La peña blanca*. Después publica el primer tomo de *Cecilia Valdés o la loma del Ángel,* una de las más importantes novelas de la literatura cubana, que se anticipa a su época, y que concluiría 43 años después en Nueva York. Villaverde ejerce el magisterio en la provincia de Matanzas, y publica entonces dos libros muy exitosos: *Texto de geografía de la Isla* y *El librito de los cuentos y las conversaciones*. El escritor conspira por la independencia y es hecho prisionero en 1848. Un año después logra escapar hacia Estados Unidos, y se une al movimiento de Narciso López en Nueva York. Escribe en *La Verdad* y funda en New Orleáns *El Independiente*. Publica alrededor de 20 libros y, amigo de Miguel Teurbe Tolón, es Villaverde quien escoge los colores de la definitiva Bandera cubana. Funda la "Junta pública promovedora de los intereses políticos de Cuba". Se casa con Emilia Casanova, regresa a Cuba y publica el órgano literario *La Habana*. De nuevo en Nueva York, muere el 24 de octubre de 1894.

Leonardo da Vinci

Primera figura del Renacimiento, Leonardo da Vinci es el genio mayor del género humano. Nace en Toscana, Italia, en 1452. Se destaca en todas las expresiones del arte y de la ciencia, se dedica a la pintura, la música, la escultura y la arquitectura, y es científico, ingeniero, físico, matemático y filósofo. Estudia a fondo el cuerpo humano con principios de anatomía. Bosqueja máquinas para una gran cantidad de proyectos, como levantar pesos, aparatos de transmisión y molinos. Inventa el telescopio y las hélices para volar con el bosquejo de un helicóptero, además de las casas prefabricadas, que se realizarían siglos después. Esboza el primer intento de vía libre para el tránsito, que son las modernas autopistas. Estudia la hidráulica, las leyes de la navegación, diseña canales, puentes y esclusas. Como pintor, entre otros descubrimientos, reduce la intensidad del color para lograr la sensación de la distancia, y el cuadro más famoso del mundo se debe a su pincel mágico: La Gioconda, retrato de la Monna Lisa. Muere en Amboise el 2 de mayo de 1519.

Virgilio

El poeta latino Publio Virgilio Marón nace en la Galia Cisalpina un 15 de octubre 60 años a. de C. Hijo de un labrador acomodado, puede estudiar en Cremona, Milán y Roma. En la Ciudad Eterna se hace amigo de Octaviano, que llegaría a ser el emperador Augusto. Al cumplir 25 años se muda a Nápoles, donde perfecciona su instrucción y se relaciona con poetas como Horacio. De regreso a Roma pide a Octaviano –ya emperador– que lo proteja, y pasa a formar parte del círculo de Gayo Gilnio Mecenas. Virgilio se inspira en el estilo de Teócrito, pero lo supera cuando escribe su primera gran obra, las *Bucólicas* o *Églogas*. Más tarde se supera a sí mismo cuando escribe las Geórgicas, poema que además de lírico es didáctico, dedicado a la agricultura. Consciente de que Roma necesita un gran poema épico, Virgilio escribe la *Eneida*, obra maestra universal, epopeya de guerra pero también de amor a la patria. En el año 19 a. de C se sale hacia Grecia, quiere llegar a Oriente para estudiar Filosofía, pero enferma de insolación. En Atenas se encuentra con Augusto, y decide regresar con él a Roma. En el viaje por barco Virgilio se agrava, es dejado en Brindis, y allí muere el 21 de septiembre del año 19 a. de C.

Antonio Vivaldi

El compositor y violinista italiano Antonio Vivaldi, nace en Venecia probablemente en 1675. A los 25 años de edad es ordenado sacerdote, aunque una enfermedad que le afecta la respiración le impide celebrar misas ya desde 1704. Una institución dedicada a educar jóvenes huérfanas usa sus servicios como profesor de violín. Se trata del Pio Ospedale della Pietà, donde Vivaldi da clases por largos años. Es entonces cuando empieza a dar a conocer sus obras, que son interpretadas por orquestas de mujeres. Esa circunstancia le da a Vivaldi fama nacional e internacional. Por el color de sus cabellos se le conoce como "El cura rojo". Necesitado de crear una música más provechosa económicamente, se dedica a la ópera y escribe *Ottone in Villa, Orlando furioso, Tito Manlio* y otras. Sin embargo, la consagración total le llega en 1725, a raíz de publicar *Il cimento dell'armonia*, doce conciertos que incluyen *Las cuatro estaciones*. Antonio Vivaldi compone música con asombrosa rapidez, y recorre muchos países con ella. Al morir en Viena el 27 de julio de 1741, le deja a la posteridad, entre otras piezas, 80 sonatas, 461 conciertos, 23 sinfonías, 47 óperas, 26 salmos, 25 cantatas y 43 arias.

W

George Washington

El libertador estadounidense George Washington nace en Wakefield, estado de Virginia, el 22 de febrero de 1732. Ingeniero agrónomo, de familia acomodada, cultiva tabaco, pero desde los 19 años entra en la carrera militar. Nunca cobra por sus servicios y es nombrado comandante de distrito. Al frente de las tropas de Virginia dirige la captura de Fort Duquesne. En 1759 se casa con Martha Dandridge. Durante 15 años es miembro dirigente de la Casa de los Burgueses y deviene en gran estadista. Se convierte en el alma de la resistencia patriótica, y cuando el Congreso de Filadelfia lo nombra General en Jefe del Ejército, organiza el desordenado cuerpo militar. Expulsa a los ingleses de Boston. Al ser derrotado en Nueva York atraviesa el río Delaware pero vuelve y vence a los contrarios en Trenton y en Priceton. Auxiliado por tropas francesas que comanda La Fayette, lucha en Monmouth y derrota al general inglés Charles Cornwallis en Yorktown. Triunfa en otros decisivos encuentros armados, lo que propicia la firma del Tratado de Versalles de 1783, en el que Inglaterra reconoce la independencia estadounidense. En 1789 es elegido unánimemente presidente de la Unión, hecho que se repite en 1793, pero rechaza un tercer mandato. Establece las bases jurídicas y políticas del país, y se desvincula de Europa manteniendo la neutralidad. George Washington muere en Mount Vernon, Virginia, el 14 de diciembre de 1799.

INSPIRADORES

Karl María von Weber

El pianista, compositor y director de orquesta alemán Karl María von Weber, nace en Eutin, Oldemburgo, el 18 de diciembre de 1786. Inicia sus experiencias teatrales con la compañía familiar de su padre, el violinista Franz Anton von Weber. Sus estudios son irregulares y sus primeras seis *Pequeñas fugas* se las dedica a su maestro Michael Haydn. La primera ópera de Weber, *La batalla del amor y del vino* la escribe a los 13 años en Munich. Esa y otras dos óperas, *Oberon* y *Preciosa* lo consagran como gran músico. Se dedica al arte litográfico y trabaja en editoriales por poco tiempo. En 1802 es nombrado director de la orquesta del Teatro Municipal de Breslau. En 1810 inicia una gira de conciertos, y en 1813 dirige en Praga el Teatro del Estado. En 1816, el rey de Sajonia le encarga la reorganización del Teatro Real de Dresde y un año después se casa con la cantante Caroline Brandt. Compone entonces su obra maestra, la ópera en tres actos *El cazador furtivo*. Otras obras suyas son *Enrique IV, Sonatas para piano, La muchacha muda del bosque* y la más popular: *Invitación al vals*. Se destaca como escritor y se le reconoce como el creador de la ópera nacional alemana. Karl María von Weber muere en Londres el 5 de junio de 1826.

Walt Whitman

El poeta estadounidense Walter Whitman, cuyo primer nombre se conoce como Walt, nace en West Hills, Nueva York, el 31 de mayo de 1819. Es enfermero voluntario durante la Guerra Civil, y empieza trabajando como ayudante de oficina, aprendiz de imprenta y periodista. Su amplia cultura es autodidáctica, porque asiste a la escuela sólo hasta los doce años. Trabaja en el Ministerio del Interior y en la Procuraduría General, pero del primero es cesanteado debido a su primer libro de poemas de 1855, *Hojas de hierba*, que se considera un atentado a la moral de la época. También es rechazado por la crítica al no ajustarse al verso tradicional, porque no se advierten sus nuevas cadencias de larga respiración musical. Recibe el apoyo de sus compatriotas Emerson y Thoreau. José Martí se percata de su valor literario y lo da a conocer en lengua castellana. En 1863 sufre un ataque de parálisis que lo deja postrado. *Hojas de hierba* va incrementando sus páginas con el tiempo, y se convierte en un libro que influye en América y Europa. Entre otras obras Whitman publica *Toques de tambor, Pasaje a la India, Memoranda de la guerra* y *Días ejemplares y oraciones*. Este revolucionario del arte poética muere en Camden, New Jersey, el 27 de marzo de 1892.

INSPIRADORES

William Butler Yeats

El poeta irlandés William Butler Yeats nace en Dublín el 13 de junio de 1865. Estudia arte en su ciudad natal y después en Londres, donde vive desde 1887. Cultiva la filosofía hindú y el ocultismo, y la fama le llega desde su primer libro de poemas, *Las peregrinaciones de Oisin*. Posteriormente publica *La isla del lago de Innisfree*, en ambas obras se apoya en la mitología celta. De nuevo en Irlanda se casa con su compatriota Maud Gonne, quien le inspira bellos poemas. Gracias a la ayuda de Isabella Augusta Gregory, una dramaturga nacionalista, Yeats funda el Teatro Nacional Irlandés en 1901, y lo dirige hasta el día de su muerte. Escribe obras dramáticas, como *La condesa Kathleen*, de carácter nacionalista, y la obra trágica en verso Deirdre. Nunca abandona la poesía y publica *El casco verde, Responsabilidades* y *Los cisnes salvajes de Coole*. En 1923, Yeats gana el Premio Nobel de Literatura y llega a ser senador de Irlanda tras la independencia del Reino Unido. Sus obras incluyen *La escalera de caracol, Hacia Bizancio, La tierra del deseo del corazón, El umbral del rey, Las aguas umbrosas, Una visión*, y otras. William Yeats muere en Roquebrune-Cap-Martin el 29 de enero de 1939.

Z

Luis Mario

Adela Zamudio

La educadora, poetisa y literata boliviana Adela Zamudio, nace en La Paz en 1854. Firma sus primeros poemas con el seudónimo de Soledad. Se dedica a casi todos los géneros literarios. Su primer ensayo poético, *Dos rosas*, data de 1870. Es plenamente apoyada por la intelectualidad boliviana cuando es combatida por sus luchas emancipadoras de la mujer, no sólo en lo social, sino también en lo literario. La primera Escuela de Pintura para Señoritas, además de otras escuelas para niños pobres, son fundadas por ella desde 1911. Como autora, Adela Zamudio escribió muchas obras en verso y prosa, que incluyen novelas, cuentos, teatro y material didáctico. Son de destacar sus *Ensayos políticos, Íntimas, Peregrinando, El velo de la Purísima, Noche de fiesta, La inundación, Las fugitivas* y *La madrastra*, pero su libro *Ráfagas*, publicado en París en 1914, hace gala de sus más bellos poemas. La primera Escuela Laica de Bolivia la tiene como profesora primero y directora después. En mayo de 1926, la Presidencia de la República de Bolivia corona a Adela Zamudio, cuya muerte le llega dos años después, el 2 de junio de 1928.

INSPIRADORES

Juan Clemente Zenea

El poeta mártir del romanticismo cubano, Juan Clemente Zenea, nace en Bayamo el 24 de febrero de 1832. Desde joven conspira con Narciso López. Se exilia en Estados Unidos donde se reencuentra con la actriz Ada Menken, un antiguo amor, y regresa a Cuba con la amnistía de 1854. En el colegio El Salvador, de José de la Luz y Caballero, da clases de Humanidades, de Inglés y Literatura Inglesa. Funda la *Revista de La Habana* y publica las semblanzas tituladas *Mis Contemporáneos*. Su libro *Cantos de la tarde* data de 1860. Su romance "Fidelia" es una joya del mejor romanticismo. Va a México y trabaja en la *Gaceta Oficial*. Al estallar la guerra de 1868, va a Nueva York donde deja a su esposa y su hija, y se incorpora a la fracasada expedición de Domingo Goicuría. En 1870 regresa a Cuba con un salvoconducto español, se dice que en misión de paz, pero Carlos Manuel de Céspedes le da oro para comprar armas y le confía a su esposa Ana para sacarla de Cuba. A punto de embarcar es sorprendido y encerrado en La Cabaña, donde escribe *Diario de un mártir*, con su poema "A una golondrina". Casi ocho meses después, Juan Clemente Zenea muere fusilado el 25 de agosto de 1871.

Emilio Zola

El escritor francés Emilio Zola nace en París el 2 de abril de 1840. De familia pobre, trabaja en una empresa editorial pero desde 1865 escribe poemas, cuentos y crítica sobre arte y literatura. Publica la novela *Therese Raquin* en 1867. Quiere describir todos los estados de ánimo, y bajo el nombre de *Les Rougon-Macquart* escribe veinte novelas de 1871 a 1893, con las que nace el naturalismo. Sin embargo, lo acusan de exagerar los males sociales como el crimen y la pobreza. La obra de Zola, no obstante, adquiere fama, y contribuyen a darle prestigio novelas como *La taberna, Naná*, que describe la prostitución; *Germinal, La bestia humana, El desastre*, y otras. Desde 1893 cambia su estilo con *Las tres ciudades*, y se aleja de los éxitos anteriores. Emilio Zola se dedica también a la crítica literaria, y se enfrenta a los románticos. Su ensayo *La novela experimental* es muy bien recibido. Pero Zola sobresale por su *Yo acuso*, que data de 1898. Se trata de una carta publicada en el diario de París *La Aurora*, para defender al oficial de artillería judío Alfred Dreyfus, acusado injustamente de traición. Esa obra le cuesta a Zola ser desterrado por un año. Emilio Zola muere en París el 29 de septiembre de 1902.

José Zorrilla

El poeta romántico español José Zorrilla y Moral, nace en Valladolid el 21 de febrero de 1817. Estudia Leyes en Toledo y en su ciudad natal, pero abandona las aulas ante el llamado de la literatura. A los veinte años lee sus versos en el entierro de Mariano José de Larra, y pasa a trabajar en el periódico *El Español,* donde da a conocer sus poesías, que ampliaría después a ocho volúmenes. En 1844 escribe para el teatro en verso la más famosa de sus obras: *Don Juan Tenorio*. Desde 1850 hasta 1855 Zorrilla vive en París, y de ahí va a México, donde el emperador Maximiliano lo pone al frente del Teatro Nacional. En 1866, de nuevo en su país, Zorrilla se casa con la actriz Juana Pacheco, y en 1882 es nombrado académico de la Real Academia Española. La fama de Zorrilla se extiende por el mundo hispano, su versificación es fácil y torrencial, y en el Alcázar de Granada es coronado por Ángel Saavedra Ramírez, el Duque de Rivas, que cumple el deseo de la reina regente María Cristina. Otras obras de Zorrilla son *A buen juez, mejor testigo, Cantos del trovador, El zapatero y el rey, El excomulgado, Granada y La leyenda del Cid.* José Zorrilla muere en Madrid el 23 de enero de 1893.

Juan de Zumárraga

El prelado español Juan de Zumárraga, de la Orden de San Francisco, nace en Vizcaya entre 1461 y 1468. Interviene contra la brujería en el País Vasco. En 1528 Carlos I de España lo nombra Obispo de México, y en 1547 el papa Paulo III lo asciende a Primer Arzobispo de México. Funda el colegio de Taitelcoico y se destaca por su amor a los indios y su gran comprensión para tratarlos y ayudarlos. La primera imprenta que hubo en el continente americano se debe a este hombre de Dios, cuando hace venir a México, desde España, al impresor italiano Juan Pablos, que llega con la imprenta de Juan Cromberger. Entonces Juan de Zumárraga patrocina libros en idioma español y hasta en lenguas indígenas. Desde América envía a España productos agrícolas para colaborar con la industria de la seda. Se destaca por su justicia en la colonización americana, y entre otras obras de carácter religioso escribe *Memorias de la Nueva España, y Doctrina breve y muy provechosa de las cosas que pertenecen a la fe católica*. Muere en México el 3 de junio de 1548. El pueblo mexicano premió la memoria de su Arzobispo erigiéndole una estatua en Durango en 1949.